国家建筑标准设计图集 **16G101-3**

（替代 11G101-3）

# 混凝土结构施工图
# 平面整体表示方法制图规则和构造详图
（独立基础、条形基础、筏形基础、桩基础）

批准部门：中华人民共和国住房和城乡建设部

组织编制：中国建筑标准设计研究院

中国计划出版社

图书在版编目（CIP）数据

国家建筑标准设计图集. 混凝土结构施工图平面整体表示方法制图规则和构造详图. 独立基础、条形基础、筏形基础、桩基础：16G101-3／中国建筑标准设计研究院组织编制. — 北京：中国计划出版社，2016.10
 ISBN 978-7-5182-0485-4

Ⅰ.①国… Ⅱ.①中… Ⅲ.①建筑设计—中国—图集 ②混凝土施工—建筑制图—中国—图集 Ⅳ.①TU206 ②TU755-64

中国版本图书馆CIP数据核字（2016）第199905号

郑重声明：本图集已授权"全国律师知识产权保护协作网"对著作权（包括专有出版权）在全国范围予以保护，盗版必究。
举报盗版电话：010-63906404
010-68318822

国 家 建 筑 标 准 设 计 图 集
**混凝土结构施工图**
**平面整体表示方法制图规则和构造详图**
（独立基础、条形基础、筏形基础、桩基础）
16G101-3

中国建筑标准设计研究院　组织编制
（邮政编码：100048　电话：010-68799100）
广告发布登记号：京西市监广登字20170256号
☆
中国计划出版社出版
（地址：北京市西城区木樨地北里甲11号国宏大厦C座3层）
北京强华印刷厂印刷

787mm×1092mm　1/16　7.25印张　29千字
2016年10月第1版　2021年2月第11次印刷
☆
ISBN 978-7-5182-0485-4
定价：75.00元

# 住房城乡建设部关于批准《钢筋混凝土基础梁》等 29项国家建筑标准设计的通知

## 建质函[2016]168号

各省、自治区住房城乡建设厅，直辖市建委（规委）及有关部门，新疆生产建设兵团建设局：

现批准由中国昆仑工程公司等28个单位编制的《钢筋混凝土基础梁》等29项标准设计为国家建筑标准设计，自2016年9月1日起实施。原《钢筋混凝土基础梁》（04G320）、《夹心保温墙建筑构造》（07J107）、《建筑太阳能光伏系统设计与安装》（10J908-5）、《太阳能热水器选用与安装》（06J908-6）、《既有建筑节能改造（一）》（06J908-7）、《混凝土结构施工图平面整体表示方法制图规则和构造详图(现浇混凝土框架、剪力墙、梁、板)》（11G101-1）、《混凝土结构施工图平面整体表示方法制图规则和构造详图(现浇混凝土板式楼梯)》（11G101-2）、《混凝土结构施工图平面整体表示方法制图规则和构造详图(独立基础、条形基础、筏形基础及桩基承台)》（11G101-3）、《钢筋混凝土结构预埋件》（04G362）、《夹心保温墙结构构造》（07SG617）、《RV系列导流型容积式水加热器选用及安装》（01S122-1）、《HRV系列导流型半容积式水加热器选用及安装》（01S122-2）、《SV系列弹性管束型半容积式水加热器选用及安装》（01S122-3）、《SI系列弹性管束型半即热式水加热器选用及安装》（01S122-4）、《TBF系列浮动盘管型半容积式水加热器选用及安装》（01S122-5）、《SW、WW系列浮动盘管型半即热式水加热器选用及安装》（01S122-6）、《BFG系列浮动盘管型半容积式水加热器选用及安装》（01S122-7）、《TGT系列浮动盘管型半即热式水加热器选用及安装》（01S122-8）、《SS、MS系列U形管型容积式水加热器选用及安装》（01S122-9）、《DFHRV系列导流浮动盘管型半容积式水加热器选用及安装》（01S122-10）、《管道和设备保温、防结露及电伴热》（03S401）、《雨水口》（05S518）、《离心式水泵安装》（03K202）、《常用风机控制电路图》（10D303-2）、《常用水泵控制电路图》（10D303-3）、《城市道路—透水人行道铺设》（10MR204）标准设计同时废止。

附件：国家建筑标准设计名称及编号表

中华人民共和国住房和城乡建设部

二〇一六年八月五日

"建质函[2016]168号"文批准的29项国家建筑标准设计图集号

| 序号 | 图集号 | 序号 | 图集号 | 序号 | 图集号 | 序号 | 图集号 | 序号 | 图集号 | 序号 | 图集号 | 序号 | 图集号 |
|---|---|---|---|---|---|---|---|---|---|---|---|---|---|
| 1 | 16G320 | 5 | 16J908-7 | 9 | 16G101-3 | 13 | 16G908-3 | 17 | 16S401 | 21 | 16K205-2 | 25 | 16D303-3 | 29 | 16MR204 |
| 2 | 16J509 | 6 | 16J908-8 | 10 | 16G362 | 14 | 16S110 | 18 | 16S518 | 22 | 16K310 | 26 | 16D401-5 | | |
| 3 | 16J908-5 | 7 | 16G101-1 | 11 | 16G523-2 | 15 | 16S111 | 19 | 16S524 | 23 | 16K702 | 27 | 16D707-1 | | |
| 4 | 16J908-6 | 8 | 16G101-2 | 12 | 16J107 16G617 | 16 | 16S122 | 20 | 16S708 | 24 | 16D303-2 | 28 | 16DX012-1 | | |

## 《混凝土结构施工图平面整体表示方法制图规则和构造详图（独立基础、条形基础、筏形基础、桩基础）》编审名单

| | | | | | | | |
|---|---|---|---|---|---|---|---|
| **编制组负责人：** | 刘 敏 | 高志强 | 黄志刚 | 尤天直 | | | |
| **编制组成员：**（按姓氏笔划顺序） | 王 力 | 冯海悦 | 毕 磊 | 朱 轩 | 刘国辉 | 曲卫波 | 陈 彬 | 何喜明 |
| | 余绪尧 | 张玉梅 | 林 蔚 | 杨 建 | 曹梦娇 | 曹 爽 | | |

**审查组组长：** 郁银泉　娄 宇

| | | | | | | | |
|---|---|---|---|---|---|---|---|
| **审查组成员：**（按姓氏笔划顺序） | 王文栋 | 王春光 | 白生翔 | 齐五辉 | 朱炳寅 | 吴汉福 | 杨 华 | 沙志国 |
| | 张国庆 | 周建龙 | 姜学诗 | 钱稼茹 | 徐有邻 | 黄世敏 | 曾凡生 | 戴国莹 |
| | 滕延京 | | | | | | | |

**项目负责人：** 高志强　王 力

**项目技术负责人：** 刘 敏

**参编单位：** 中国建筑设计院有限公司
中国昆仑工程公司

国标图集热线：010-68799100　　发行电话：010-68318822
查阅标准图集相关信息请登录国家建筑标准设计网站 http://www.chinabuilding.com.cn

# 混凝土结构施工图平面整体表示方法制图规则和构造详图
（独立基础、条形基础、筏形基础、桩基础）

| | |
|---|---|
| 批准部门 中华人民共和国住房和城乡建设部 | 批准文号 建质函[2016]168号 |
| 主编单位 中国建筑标准设计研究院有限公司 | 统一编号 GJBT-1395 |
| 实行日期 二〇一六年九月一日 | 图集号 16G101-3 |

主编单位负责人
主编单位技术负责人
技术审定人
设计负责人

## 目 录

- 目录 ········· 1
- 总说明 ········· 4

### 第一部分 平法制图规则

- 1 总则 ········· 5
- 2 独立基础平法施工图制图规则 ········· 7
  - 2.1 独立基础平法施工图的表示方法 ········· 7
  - 2.2 独立基础编号 ········· 7
  - 2.3 独立基础的平面注写方式 ········· 7
  - 独立基础平法施工图平面注写方式示例 ········· 18
  - 2.4 独立基础的截面注写方式 ········· 19
  - 2.5 其他 ········· 20
- 3 条形基础平法施工图制图规则 ········· 21
  - 3.1 条形基础平法施工图的表示方法 ········· 21
  - 3.2 条形基础编号 ········· 21
  - 3.3 基础梁的平面注写方式 ········· 21
  - 3.4 基础梁底部非贯通纵筋的长度规定 ········· 24
  - 3.5 条形基础底板的平面注写方式 ········· 24
  - 条形基础平法施工图平面注写方式示例 ········· 27
  - 3.6 条形基础的截面注写方式 ········· 28
  - 3.7 其他 ········· 29
- 4 梁板式筏形基础平法施工图制图规则 ········· 30
  - 4.1 梁板式筏形基础平法施工图的表示方法 ········· 30
  - 4.2 梁板式筏形基础构件的类型与编号 ········· 30
  - 4.3 基础主梁与基础次梁的平面注写方式 ········· 30
  - 4.4 基础梁底部非贯通纵筋的长度规定 ········· 33
  - 4.5 梁板式筏形基础平板的平面注写方式 ········· 33

| | |
|---|---|
| 4.6 其他 | 35 |
| 基础主梁JL和基础次梁JCL标注图示 | 36 |
| 梁板式筏形基础平板LPB标注图示 | 37 |
| 5 平板式筏形基础平法施工图制图规则 | 38 |
| 5.1 平板式筏形基础平法施工图的表示方法 | 38 |
| 5.2 平板式筏形基础构件的类型与编号 | 38 |
| 5.3 柱下板带、跨中板带的平面注写方式 | 38 |
| 5.4 平板式筏形基础平板BPB的平面注写方式 | 39 |
| 5.5 其他 | 40 |
| 柱下板带ZXB与跨中板带KZB标注图示 | 42 |
| 平板式筏形基础平板BPB标注图示 | 43 |
| 6 桩基础平法施工图制图规则 | 44 |
| 6.1 灌注桩平法施工图的表示方法 | 44 |
| 6.2 列表注写方式 | 44 |
| 6.3 平面注写方式 | 45 |
| 6.4 桩基承台平法施工图的表示方法 | 46 |
| 6.5 桩基承台编号 | 46 |
| 6.6 独立承台的平面注写方式 | 46 |
| 6.7 承台梁的平面注写方式 | 49 |
| 6.8 桩基承台的截面注写方式 | 51 |
| 6.9 其他 | 51 |
| 7 基础相关构造制图规则 | 52 |
| 7.1 相关构造类型与表示方法 | 52 |
| 7.2 相关构造平法施工图制图规则 | 52 |
| 7.3 其他 | 56 |

## 第二部分 标准构造详图

| | |
|---|---|
| 混凝土结构的环境类别 | |
| 混凝土保护层的最小厚度 | 57 |
| 受拉钢筋基本锚固长度$l_{ab}$ | |
| 抗震设计时受拉钢筋基本锚固长度$l_{abE}$ | |
| 钢筋弯折的弯弧内直径$D$ | 58 |
| 受拉钢筋锚固长度$l_a$ | |
| 受拉钢筋抗震锚固长度$l_{aE}$ | 59 |
| 纵向钢筋弯钩与机械锚固形式 | |
| 纵向受力钢筋搭接区箍筋构造 | |
| 纵向钢筋的连接 | 60 |
| 纵向受拉钢筋搭接长度$l_l$ | 61 |
| 纵向受拉钢筋抗震搭接长度$l_{lE}$ | 62 |
| 箍筋及拉筋弯钩构造 | |
| 基础梁箍筋复合方式 | |
| 非接触纵向钢筋搭接构造 | 63 |
| 墙身竖向分布钢筋在基础中构造 | 64 |
| 边缘构件纵向钢筋在基础中构造 | 65 |
| 柱纵向钢筋在基础中构造 | 66 |
| 独立基础$DJ_J$、$DJ_P$、$BJ_J$、$BJ_P$底板配筋构造 | 67 |
| 双柱普通独立基础底部与顶部配筋构造 | 68 |
| 设置基础梁的双柱普通独立基础配筋构造 | 69 |
| 独立基础底板配筋长度减短10%构造 | 70 |
| 杯口和双杯口独立基础构造 | 71 |
| 高杯口独立基础配筋构造 | 72 |

| 左侧 | 页码 | 右侧 | 页码 |
|---|---|---|---|
| 双高杯口独立基础配筋构造 | 73 | 平板式筏形基础平板BPB钢筋构造 | 91 |
| 单柱带短柱独立基础配筋构造 | 74 | 平板式筏形基础平板(ZXB、KZB、BPB)变截面部位钢筋构造 | 92 |
| 双柱带短柱独立基础配筋构造 | 75 | 平板式筏形基础平板(ZXB、KZB、BPB)端部与外伸部位钢筋构造 | 93 |
| 条形基础底板配筋构造（一） | 76 | 矩形承台$CT_J$和$CT_P$配筋构造 | 94 |
| 条形基础底板配筋构造（二） | 77 | 等边三桩承台$CT_J$配筋构造 | 95 |
| 条形基础板底不平构造 | | 等腰三桩承台$CT_J$配筋构造 | 96 |
| 　条形基础底板配筋长度减短10%构造 | 78 | 六边形承台$CT_J$配筋构造 | 97 |
| 基础梁JL纵向钢筋与箍筋构造 | | 双柱联合承台底部与顶部配筋构造 | 99 |
| 　附加箍筋构造　附加（反扣）吊筋构造 | 79 | 墙下单排桩承台梁CTL配筋构造 | 100 |
| 基础梁JL配置两种箍筋构造 | | 墙下双排桩承台梁CTL配筋构造 | 101 |
| 　基础梁JL竖向加腋钢筋构造 | 80 | 灌注桩通长等截面配筋构造 | |
| 梁板式筏形基础梁JL端部与外伸部位钢筋构造 | | 　灌注桩部分长度配筋构造 | 102 |
| 　条形基础梁JL端部与外伸部位钢筋构造 | 81 | 灌注桩通长变截面配筋构造 | |
| 基础梁侧面构造纵筋和拉筋 | 82 | 　螺旋箍筋构造 | 103 |
| 基础梁JL梁底不平和变截面部位钢筋构造 | 83 | 钢筋混凝土灌注桩桩顶与承台连接构造 | 104 |
| 基础梁JL与柱结合部侧腋构造 | 84 | 基础联系梁JLL配筋构造 | |
| 基础次梁JCL纵向钢筋与箍筋构造 | | 　搁置在基础上的非框架梁 | 105 |
| 　基础次梁JCL端部外伸部位钢筋构造 | 85 | 基础底板后浇带HJD构造 | |
| 基础次梁JCL竖向加腋钢筋构造 | | 　基础梁后浇带HJD构造 | 106 |
| 　基础次梁JCL配置两种箍筋构造 | 86 | 后浇带HJD下抗水压垫层构造 | |
| 基础次梁JCL梁底不平和变截面部位钢筋构造 | 87 | 　后浇带HJD超前止水构造　基坑JK构造 | 107 |
| 梁板式筏形基础平板LPB钢筋构造 | 88 | 上柱墩SZD构造（棱台与棱柱形） | 108 |
| 梁板式筏形基础平板LPB端部与外伸部位钢筋构造 | | 下柱墩XZD构造（倒棱台与倒棱柱形） | 109 |
| 　梁板式筏形基础平板LPB变截面部位钢筋构造 | 89 | 防水底板JB与各类基础的连接构造 | 110 |
| 平板式筏基柱下板带ZXB与跨中板带KZB纵向钢筋构造 | 90 | 窗井墙CJQ配筋构造 | 111 |

目录

图集号 16G101-3

页 3

## 总说明

1. 本图集根据住房和城乡建设部建质函[2016]89号"关于印发《二〇一六年国家建筑标准设计编制工作计划》的通知"进行编制。

2. 本图集是混凝土结构施工图采用建筑结构施工图平面整体设计方法的国家建筑标准设计图集。

平法的表达形式，概括来讲，是把结构构件的尺寸和配筋等，按照平面整体表示方法制图规则，整体直接表达在各类构件的结构平面布置图上，再与标准构造详图相配合，即构成一套完整的结构设计施工图纸。

3. 本图集标准构造详图的主要设计依据：

《中国地震动参数区划图》　　　　　　　　GB 18306-2015
《混凝土结构设计规范》（2015年版）　　　GB 50010-2010
《建筑抗震设计规范》及2016年局部修订　　GB 50011-2010
《建筑地基基础设计规范》　　　　　　　　GB 50007-2011
《高层建筑混凝土结构技术规程》　　　　　JGJ 3-2010
《建筑桩基技术规范》　　　　　　　　　　JGJ 94-2008
《地下工程防水技术规范》　　　　　　　　GB 50108-2008
《建筑结构制图标准》　　　　　　　　　　GB/T 50105-2010

当依据的标准进行修订或有新的标准出版实施时，本图集与现行工程建设标准不符的内容、限制或淘汰的技术产品，视为无效。工程技术人员在参考使用时，应注意加以区分，并应对本图集相关内容进行复核后使用。

4. 本图集包括常用的现浇混凝土独立基础、条形基础、筏形基础（分为梁板式和平板式）、桩基础的平法制图规则和标准构造详图两部分内容。

5. 本图集适用于各种结构类型的现浇混凝土独立基础、条形基础、筏形基础（分为梁板式和平板式）及桩基础施工图设计。

6. 本图集的制图规则，既是设计者完成平法施工图的依据，也是施工、监理人员准确理解和实施平法施工图的依据。

7. 本图集中未包括的构造详图以及其他未尽事项，应由设计者另行设计。

8. 当具体工程设计中需要对本图集的标准构造详图做某些变更，设计者应提供相应的变更内容。

9. 本图集构造节点详图中钢筋，部分采用红色线条表示。

10. 本图集中"$\phi$"仅表示钢筋直径，不表示钢筋强度级别。

11. 本图集的尺寸以毫米（mm）为单位，标高以米（m）为单位。

12. 对本图集使用中发现的问题或者建议，请登陆网站http://www.chinabuilding.com.cn，再进入G101栏目，通过该栏目与主编单位和主编人联系。

# 平面整体表示方法制图规则

## 1 总则

1.0.1 为了规范使用建筑结构施工图平面整体设计方法，保证按平法设计绘制的结构施工图实现全国统一，确保设计、施工质量，特制定本制图规则。

1.0.2 本图集制图规则适用于各种现浇混凝土的独立基础、条形基础、筏形基础及桩基础施工图设计。

1.0.3 当采用本制图规则时，除遵守本图集有关规定外，还应符合国家现行有关标准。

1.0.4 按平法设计绘制的施工图，一般是由各类结构构件的平法施工图和标准构造详图两大部分构成，但对于复杂的工业与民用建筑，尚需增加模板、基坑、留洞和预埋件等平面图和必要的详图。

1.0.5 按平法设计绘制结构施工图时，必须根据具体工程设计，按照各类构件的平法制图规则，在基础平面布置图上直接表示构件的尺寸、配筋。出图时，宜按基础、柱、剪力墙、梁、板、楼梯及其他构件的顺序排列。

1.0.6 按平法设计绘制的现浇混凝土的独立基础、条形基础、筏形基础及桩基础施工图，以平面注写方式为主、截面注写方式为辅表达各类构件的尺寸和配筋。

1.0.7 按平法设计绘制结构施工图时，应将所有构件进行编号，编号中含有类型代号和序号等。其中，类型代号的主要作用是指明所选用的标准构造详图；在标准构造详图上，已经按其所属构件类型注明代号，以明确该详图与平法施工图中该类型构件的互补关系，使两者结合构成完整的结构设计图。

1.0.8 按平法设计绘制基础结构施工图时，应采用表格或其他方式注明基础底面基准标高、±0.000的绝对标高。

本图应与国家建筑标准设计16G101-1及16G101-2配合使用，在单项工程中，其结构层楼（地）面标高与结构层高必须统一，以保证地基与基础、柱与墙、梁、板、楼梯等构件按照统一的竖向定位尺寸进行标注。

注：1. 结构层楼面标高系指将建筑图中的各层地面和楼面标高值扣除建筑面层及垫层做法厚度后的标高，结构层号应与建筑楼层号一致。

2. 当具体工程的全部基础底面标高相同时，**基础底面基准标高**即为基础底面标高。当基础底面标高不同时，应取多数相同的底面标高为基础底面基准标高；对其他少数不同标高者应标明范围并注明标高。

1.0.9 为方便设计表达和施工识图，规定结构平面的坐标方向为：

1. 当两向轴网正交布置时，图面从左至右为X向，从下至上为Y向；当轴网在某位置转向时，局部坐标方向顺轴网的转向角度做相应转动，转动后的坐标应加图示。

2. 当轴网向心布置时，切向为X向，径向为Y向，并应加图示。

3. 对于平面布置比较复杂的区域，如轴网转折交界区域、向心布置的核心区域等，其平面坐标方向应由设计者另行规定并加图示。

1.0.10 为了确保施工人员准确无误地按平法施工图进行施工，**在具体工程施工图中必须写明以下与平法施工图密切相关的内容**：

1. 注明所选用平法标准图的图集号（如本图集号为16G101-3），以免图集升版后在施工中用错版本。

2. 注明各构件所采用的混凝土强度等级和钢筋级别，以确定与其相关的受拉钢筋最小锚固长度及最小搭接长度。

3. 注明基础中各部位所处的环境类别，且对混凝土保护层厚度有特殊要求时应予以注明。

4. 设置后浇带时，注明后浇带的位置、浇灌时间和后浇混凝土的强度等级以及其他特殊要求。

5. 当标准构造详图有多种可选择的构造做法时，写明在何部位选用何种构造做法。当未写明时，则为设计人员自动授权施工人员可以任选一种构造做法进行施工。例如：复合箍中拉筋弯钩做法（本图集第63页）、筏形基础板边缘侧面封边构造（本图集第93页）等。

某些节点要求设计者必须写明在何部位选用何种构造做法。例如：墙身外侧竖向分布钢筋与基础底部纵筋搭接连接做法（见第64页）、筏形基础次梁、筏形基础平板底部钢筋在边支座的锚固要求（见第85、89、93页）。

6. 当采用防水混凝土时，应注明抗渗等级；应注明施工缝、变形缝、后浇带、预埋件等采用的防水构造类型。

7. 当具体工程需要对本图集的标准构造详图做局部变更时，应注明变更的具体内容。

8. 当具体工程中有特殊要求时，应在施工图中另行说明。

1.0.11 对钢筋的混凝土保护层厚度、钢筋搭接和锚固长度，除在结构施工图中另有注明者外，按本图集标准构造详图中的有关构造规定执行。

1.0.12 本图集基础自身的钢筋当采用绑扎搭接连接时标为$l_l$；基础自身钢筋的锚固标为$l_a$、$l_{ab}$。设计者可根据具体工程的实际情况，将基础自身的钢筋连接与锚固按抗震设计处理，对本图集的标准构造做相应变更。

总　则

## 2 独立基础平法施工图制图规则

### 2.1 独立基础平法施工图的表示方法

2.1.1 独立基础平法施工图，有**平面注写**与**截面注写**两种表达方式，设计者可根据具体工程情况选择一种，或两种方式相结合进行独立基础的施工图设计。

2.1.2 当绘制独立基础平面布置图时，应将独立基础平面与基础所支承的柱一起绘制。当设置基础联系梁时，可根据图面的疏密情况，将基础联系梁与基础平面布置图一起绘制，或将基础联系梁布置图单独绘制。

2.1.3 在独立基础平面布置图上应标注基础定位尺寸；当独立基础的柱中心线或杯口中心线与建筑轴线不重合时，应标注其定位尺寸。编号相同且定位尺寸相同的基础，可仅选择一个进行标注。

### 2.2 独立基础编号

2.2.1 各种独立基础编号按表 2.2.1 规定。

**设计时应注意**：当独立基础截面形状为坡形时，其坡面应采用能保证混凝土浇筑、振捣密实的较缓坡度；当采用较陡坡度时，应要求施工采用在基础顶部坡面加模板等措施，以确保独立基础的坡面浇筑成型、振捣密实。

表 2.2.1 独立基础编号

| 类 型 | 基础底板截面形状 | 代 号 | 序 号 |
|---|---|---|---|
| 普通独立基础 | 阶 形 | $DJ_J$ | ×× |
| | 坡 形 | $DJ_P$ | ×× |
| 杯口独立基础 | 阶 形 | $BJ_J$ | ×× |
| | 坡 形 | $BJ_P$ | ×× |

### 2.3 独立基础的平面注写方式

2.3.1 独立基础的平面注写方式，分为**集中标注**和**原位标注**两部分内容。

2.3.2 普通独立基础和杯口独立基础的**集中标注**，系在基础平面图上集中引注：**基础编号**、**截面竖向尺寸**、**配筋**三项必注内容，以及**基础底面标高**（与基础底面基准标高不同时）和**必要的文字注解**两项选注内容。

素混凝土普通独立基础的集中标注，除无基础配筋内容外均与钢筋混凝土普通独立基础相同。

独立基础集中标注的具体内容规定如下：

1. 注写独立基础编号（必注内容），见表 2.2.1。

独立基础底板的截面形状通常有两种：

（1）阶形截面编号加下标"J"，如 $DJ_J$××、$BJ_J$××；

**独立基础平法施工图制图规则**

图集号 16G101-3

页 7

(2) 坡形截面编号加下标"P",如 DJ$_P$××、BJ$_P$××。

2. 注写独立基础截面竖向尺寸(必注内容)。下面按普通独立基础和杯口独立基础分别进行说明。

(1) 普通独立基础。注写 $h_1/h_2/……$,具体标注为:

1) 当基础为阶形截面时,见示意图 2.3.2-1。

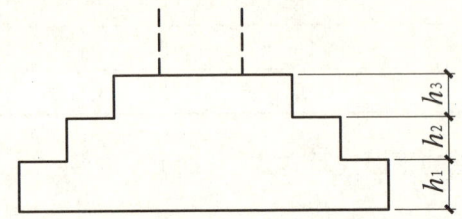

图 2.3.2-1 阶形截面普通独立基础竖向尺寸

【例】当阶形截面普通独立基础 DJ$_J$×× 的竖向尺寸注写为 400/300/300 时,表示 $h_1$=400、$h_2$=300、$h_3$=300,基础底板总高度为 1000。

上例及图 2.3.2-1 为三阶;当为更多阶时,各阶尺寸自下而上用"/"分隔顺写。

当基础为单阶时,其竖向尺寸仅为一个,即为基础总高度,见示意图 2.3.2-2。

2) 当基础为坡形截面时,注写为 $h_1/h_2$,见示意图 2.3.2-3。

【例】当坡形截面普通独立基础 DJ$_P$×× 的竖向尺寸注写为 350/300 时,表示 $h_1$=350、$h_2$=300,基础底板总高度为 650。

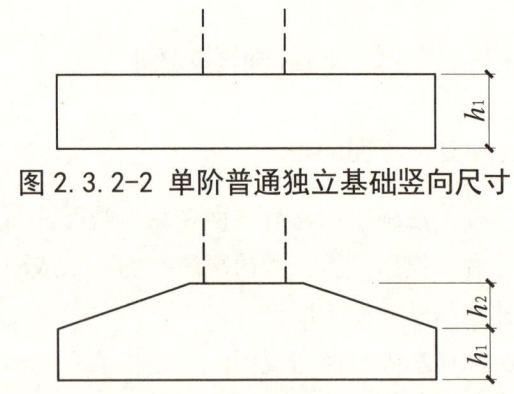

图 2.3.2-2 单阶普通独立基础竖向尺寸

图 2.3.2-3 坡形截面普通独立基础竖向尺寸

(2) 杯口独立基础:

1) 当基础为阶形截面时,其竖向尺寸分两组,一组表达杯口内,另一组表达杯口外,两组尺寸以","分隔,注写为:$a_0/a_1$,$h_1/h_2/……$,其含义见示意图 2.3.2-4~7,其中杯口深度 $a_0$ 为柱插入杯口的尺寸加 50。

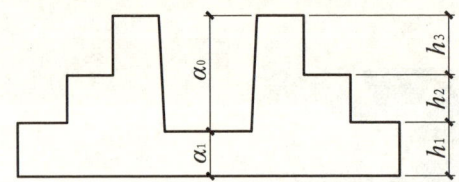

图 2.3.2-4 阶形截面杯口独立基础竖向尺寸(一)

独立基础平法施工图制图规则

图集号 16G101-3

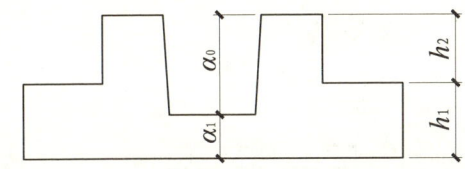

图 2.3.2-5 阶形截面杯口独立基础竖向尺寸（二）

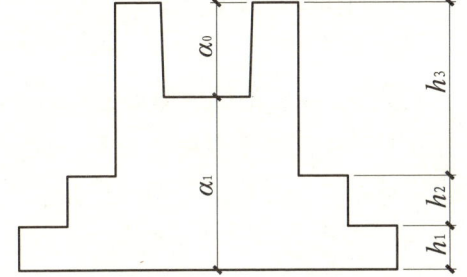

图 2.3.2-6 阶形截面高杯口独立基础竖向尺寸（一）

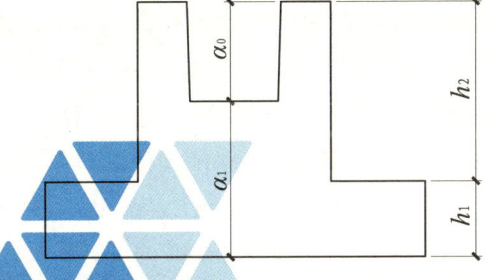

图 2.3.2-7 阶形截面高杯口独立基础竖向尺寸（二）

2）当基础为坡形截面时，注写为：$a_0/a_1$，$h_1/h_2/h_3$……，其含义见示意图 2.3.2-8 和图 2.3.2-9。

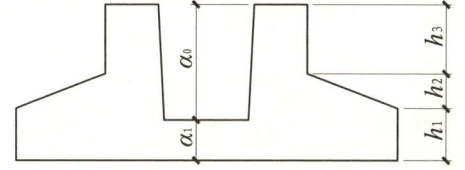

图 2.3.2-8 坡形截面杯口独立基础竖向尺寸

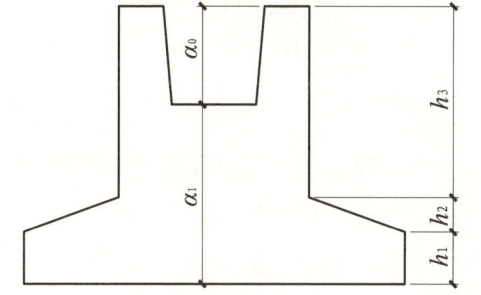

图 2.3.2-9 坡形截面高杯口独立基础竖向尺寸

3．注写独立基础配筋（必注内容）。

（1）注写独立基础底板配筋。普通独立基础和杯口独立基础的底部双向配筋注写规定如下：

1）以 B 代表各种独立基础底板的底部配筋。

2）X 向配筋以 X 打头、Y 向配筋以 Y 打头注写；当两向配筋相同时，则以 X&Y 打头注写。

【例】当独立基础底板配筋标注为：B：X⊈16@150，Y⊈16@200；表示基础底板底部配置 HRB400 级钢筋，X 向钢筋直径为 16，间距 150；Y 向钢筋直径为 16，间距 200。见示意图 2.3.2-10。

## 独立基础平法施工图制图规则

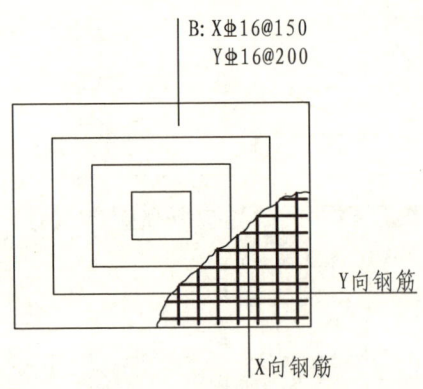

**图 2.3.2-10 独立基础底板底部双向配筋示意**

(2) 注写杯口独立基础顶部焊接钢筋网。以 Sn 打头引注杯口顶部焊接钢筋网的各边钢筋。

【例】当杯口独立基础顶部钢筋网标注为：Sn 2Φ14，表示杯口顶部每边配置 2 根 HRB400 级直径为 14 的焊接钢筋网。见示意图 2.3.2-11（本图只表示钢筋网）。

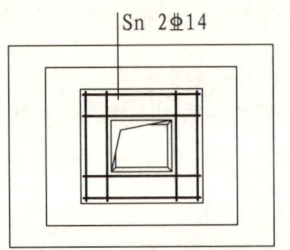

**图 2.3.2-11 单杯口独立基础顶部焊接钢筋网示意**

【例】当双杯口独立基础顶部钢筋网标注为：Sn2Φ16，表示杯口每边和双杯口中间杯壁的顶部均配置 2 根 HRB400 级直径为 16 的焊接钢筋网。见示意图 2.3.2-12（本图只表示钢筋网）。

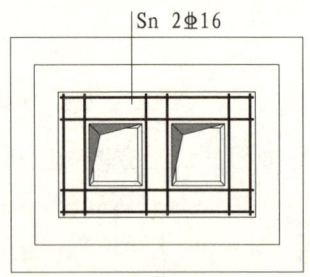

**图 2.3.2-12 双杯口独立基础顶部焊接钢筋网示意**

当双杯口独立基础中间杯壁厚度小于 400 时，在中间杯壁中配置构造钢筋见相应标准构造详图，设计不注。

(3) 注写高杯口独立基础的短柱配筋（亦适用于杯口独立基础杯壁有配筋的情况）。具体注写规定如下：

1) 以 O 代表短柱配筋。

2) 先注写短柱纵筋，再注写箍筋。注写为：角筋/长边中部筋/短边中部筋，箍筋（两种间距）；当短柱水平截面为正方形时，注写为：角筋/x 边中部筋/y 边中部筋，箍筋（两种间距，短柱杯口壁内箍筋间距/短柱其他部位箍筋间距）。

【例】当高杯口独立基础的短柱配筋标注为：O：4Φ20/Φ16@220/Φ16@200，Φ10@150/300；表示高杯口独立基础的短柱配置 HRB400 级竖向纵筋和 HPB300 级箍筋。其竖向纵筋为：4Φ20 角筋、Φ16@220 长边中部筋和 Φ16@200 短边中部筋；其箍筋直径为 10，短柱杯口壁内间距 150，短柱其他部位间距 300。见示意图 2.3.2-13（本图只表

**独立基础平法施工图制图规则**

示基础短柱纵筋与矩形箍筋）。

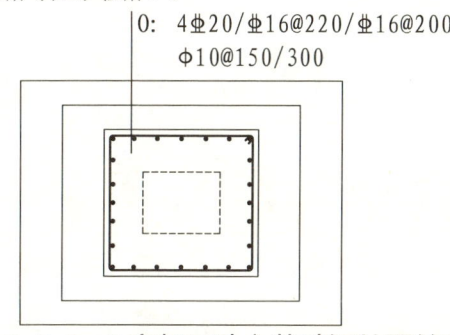

图 2.3.2-13 高杯口独立基础短柱配筋示意

3）对于双高杯口独立基础的短柱配筋，注写形式与单高杯口相同。见示意图 2.3.2-14（本图只表示基础短柱纵筋与矩形箍筋）。

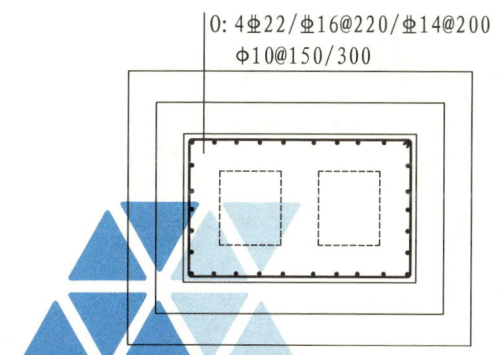

图 2.3.2-14 双高杯口独立基础短柱配筋示意

当双高杯口独立基础中间杯壁厚度小于 400 时，在中间杯壁中配置构造钢筋见相应标准构造详图，设计不注。

（4）注写普通独立基础带短柱竖向尺寸及钢筋。当独立基础埋深较大，设置短柱时，短柱配筋应注写在独立基础中。具体注写规定如下：

1）以 DZ 代表普通独立基础短柱。

2）先注写短柱纵筋，再注写箍筋，最后注写短柱标高范围。注写为：角筋/长边中部筋/短边中部筋，箍筋，短柱标高范围；当短柱水平截面为正方形时，注写为：角筋/ $x$ 边中部筋/ $y$ 边中部筋，箍筋，短柱标高范围。

【例】当短柱配筋标注为：DZ:4⊕20/5⊕18/5⊕18，ϕ10@100，-2.500~-0.050；表示独立基础的短柱设置在-2.500~-0.050 高度范围内，配置 HRB400 级竖向纵筋和 HPB300 级箍筋。其竖向纵筋为：4⊕20 角筋、5⊕18 $x$ 边中部筋和 5⊕18 $y$ 边中部筋；其箍筋直径为 10，间距 100。见示意图 2.3.2-15。

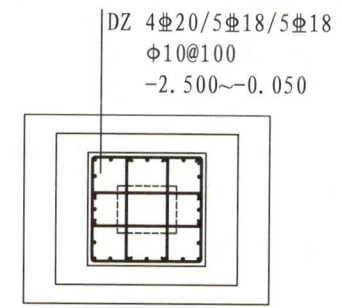

图 2.3.2-15 独立基础短柱配筋示意

独立基础平法施工图制图规则

图集号 16G101-3

4.注写基础底面标高（选注内容）。当独立基础的底面标高与基础底面基准标高不同时，应将独立基础底面标高直接注写在"（ ）"内。

5.必要的文字注解（选注内容）。当独立基础的设计有特殊要求时，宜增加必要的文字注解。例如，基础底板配筋长度是否采用减短方式等，可在该项内注明。

2.3.3 钢筋混凝土和素混凝土独立基础的**原位标注**，系在基础平面布置图上标注独立基础的平面尺寸。对相同编号的基础，可选择一个进行原位标注；当平面图形较小时，可将所选定进行原位标注的基础按比例适当放大；其他相同编号者仅注编号。

原位标注的具体内容规定如下：

1. 普通独立基础。原位标注 $x$、$y$，$x_c$、$y_c$（或圆柱直径 $d_c$），$x_i$、$y_i$，$i=1$，2，3……。其中，$x$、$y$ 为普通独立基础两向边长，$x_c$、$y_c$ 为柱截面尺寸，$x_i$、$y_i$ 为阶宽或坡形平面尺寸（当设置短柱时，尚应标注短柱的截面尺寸）。

对称阶形截面普通独立基础的原位标注，见图 2.3.3-1；非对称阶形截面普通独立基础的原位标注，见图 2.3.3-2；设置短柱独立基础的原位标注，见图 2.3.3-3。

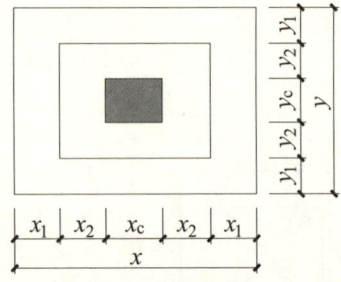

图 2.3.3-1 对称阶形截面普通独立基础原位标注

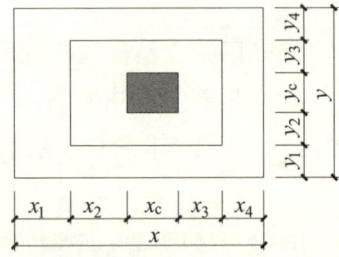

图 2.3.3-2 非对称阶形截面普通独立基础原位标注

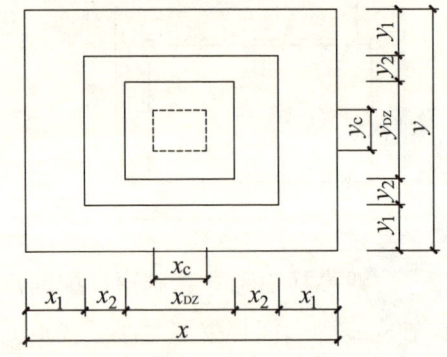

图 2.3.3-3 带短柱独立基础的原位标注

独立基础平法施工图制图规则

对称坡形截面普通独立基础的原位标注,见图2.3.3-4;非对称坡形截面普通独立基础的原位标注,见图2.3.3-5。

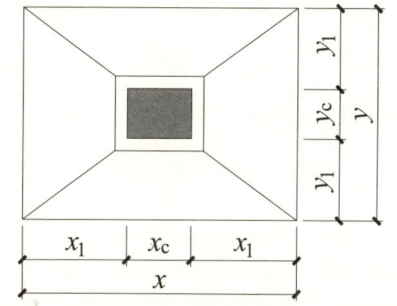

图2.3.3-4 对称坡形截面普通独立基础原位标注

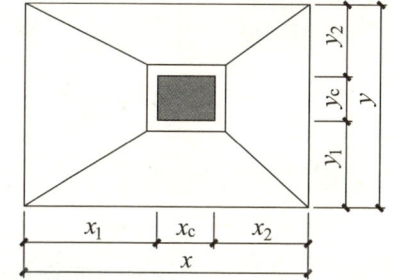

图2.3.3-5 非对称坡形截面普通独立基础原位标注

2. 杯口独立基础。原位标注 $x$、$y$、$x_u$、$y_u$、$t_i$、$x_i$、$y_i$,$i=1$,2,3……。其中,$x$、$y$ 为杯口独立基础两向边长,$x_u$、$y_u$ 为杯口上口尺寸,$t_i$ 为杯壁上口厚度,下口厚度为 $t_i+25$,$x_i$、$y_i$ 为阶宽或坡形截面尺寸。

杯口上口尺寸 $x_u$、$y_u$,按柱截面边长两侧双向各加75;

杯口下口尺寸按标准构造详图(为插入杯口的相应柱截面边长尺寸,每边各加50),设计不注。

阶形截面杯口独立基础的原位标注,见图 2.3.3-6 和图 2.3.3-7。高杯口独立基础原位标注与杯口独立基础完全相同。

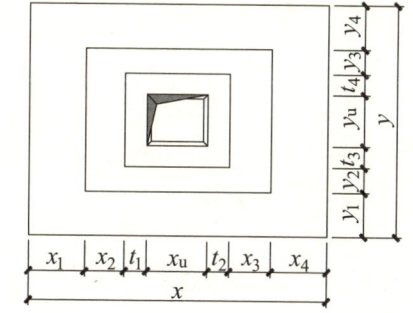

图2.3.3-6 阶形截面杯口独立基础原位标注(一)

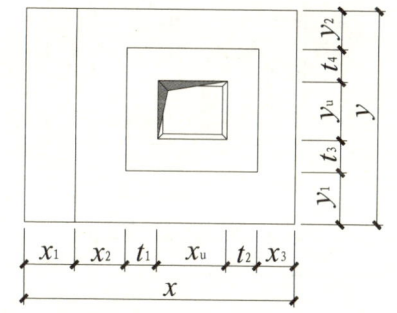

图2.3.3-7 阶形截面杯口独立基础原位标注(二)

(本图所示基础底板的一边比其他三边多一阶)

## 独立基础平法施工图制图规则

坡形截面杯口独立基础的原位标注，见图 2.3.3-8 和图 2.3.3-9。高杯口独立基础的原位标注与杯口独立基础完全相同。

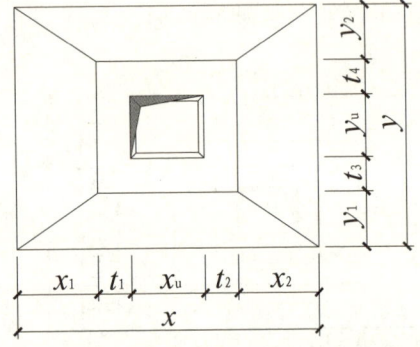

图 2.3.3-8 坡形截面杯口独立基础原位标注（一）

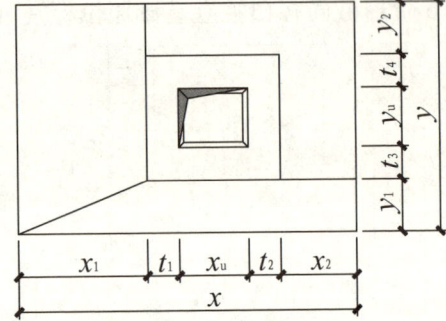

图 2.3.3-9 坡形截面杯口独立基础原位标注（二）
（本图所示基础底板有两边不放坡）

**设计时应注意：** 当设计为非对称坡形截面独立基础且基础底板的某边不放坡时，在原位放大绘制的基础平面图上，或在圈引出来放大绘制的基础平面图上，应按实际放坡情况绘制分坡线，见图 2.3.3-9。

2.3.4 普通独立基础采用平面注写方式的集中标注和原位标注综合设计表达示意，见图 2.3.4-1。

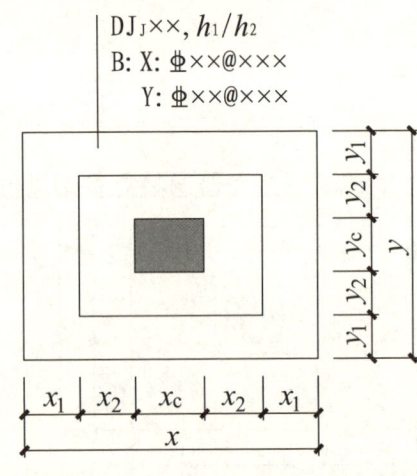

图 2.3.4-1 普通独立基础平面注写方式设计表达示意

带短柱独立基础采用平面注写方式的集中标注和原位标注综合设计表达示意，见图 2.3.4-2。

## 独立基础平法施工图制图规则

图集号 16G101-3

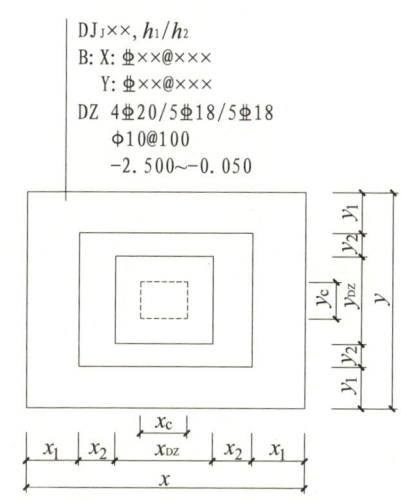

图 2.3.4-2 普通独立基础平面注写方式设计表达示意

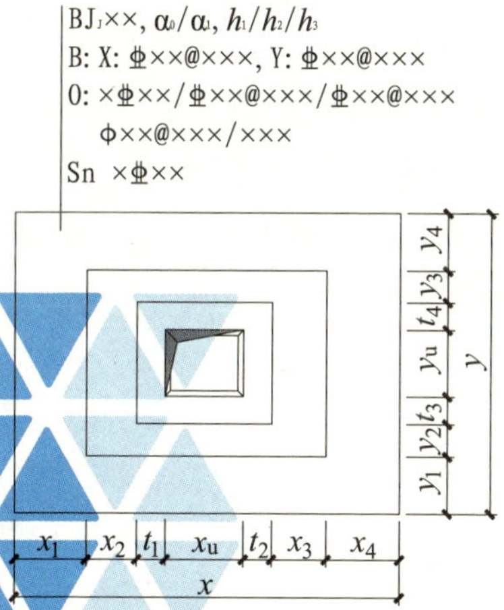

图 2.3.5 杯口独立基础平面注写方式设计表达示意

2.3.5 杯口独立基础采用平面注写方式的集中标注和原位标注综合设计表达示意，见图2.3.5。

在图2.3.5中，集中标注的第三、四行内容，系表达高杯口独立基础短柱的竖向纵筋和横向箍筋；当为杯口独立基础时，集中标注通常为第一、二、五行的内容。

2.3.6 独立基础通常为单柱独立基础，也可为多柱独立基础（双柱或四柱等）。多柱独立基础的编号、几何尺寸和配筋的标注方法与单柱独立基础相同。

当为双柱独立基础且柱距较小时，通常仅配置基础底部钢筋；当柱距较大时，除基础底部配筋外，尚需在两柱间配置基础顶部钢筋或设置基础梁；当为四柱独立基础时，通常可设置两道平行的基础梁，需要时可在两道基础梁之间配置基础顶部钢筋。

多柱独立基础顶部配筋和基础梁的注写方法规定如下：

1. 注写双柱独立基础底板顶部配筋。双柱独立基础的顶部配筋，通常对称分布在双柱中心线两侧。以大写字母"T"打头，注写为：双柱间纵向受力钢筋/分布钢筋。当纵向受力钢筋在基础底板顶面非满布时，应注明其总根数。

【例】T:9Φ18@100/Φ10@200；表示独立基础顶部配置纵向受力钢筋HRB400级，直径为Φ18设置9根，间距100；分布筋HPB300级，直径为10，间距200。见示意图2.3.6-1。

独立基础平法施工图制图规则

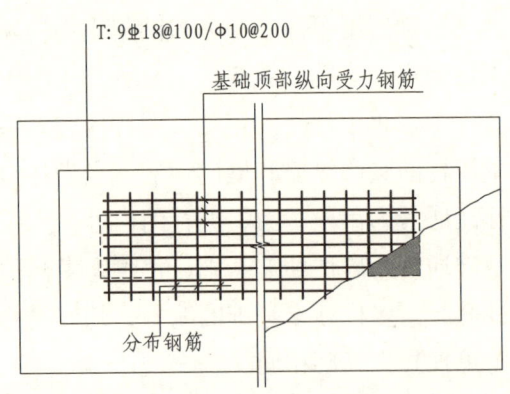

图 2.3.6-1 双柱独立基础顶部配筋示意

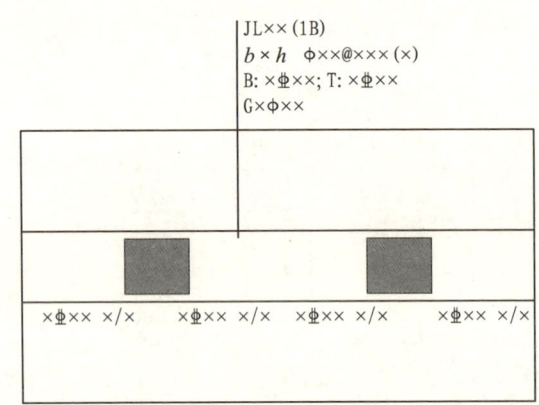

图 2.3.6-2 双柱独立基础的基础梁配筋注写示意

2. 注写双柱独立基础的基础梁配筋。当双柱独立基础为基础底板与基础梁相结合时，注写基础梁的编号、几何尺寸和配筋。如 JL××(1) 表示该基础梁为 1 跨，两端无外伸；JL××(1A) 表示该基础梁为 1 跨，一端有外伸；JL××(1B) 表示该基础梁为 1 跨，两端均有外伸。

通常情况下，双柱独立基础宜采用端部有外伸的基础梁，基础底板则采用受力明确、构造简单的单向受力配筋与分布筋。基础梁宽度宜比柱截面宽出不小于100（每边不小于50）。

基础梁的注写规定与条形基础的基础梁注写规定相同，详见本规则第 3 章的相关内容。注写示意图见图 2.3.6-2。

3. 注写双柱独立基础的底板配筋。双柱独立基础底板配筋的注写，可以按条形基础底板的注写规定（详见本规则第 3 章的相关内容），也可以按独立基础底板的注写规定。

4. 注写配置两道基础梁的四柱独立基础底板顶部配筋。当四柱独立基础已设置两道平行的基础梁时，根据内力需要可在双梁之间及梁的长度范围内配置基础顶部钢筋，注写为：梁间受力钢筋/分布钢筋。

【例】T:Φ16@120/Φ10@200；表示在四柱独立基础顶部两道基础梁之间配置受力钢筋 HRB400 级，直径为 Φ16，间距120；分布筋 HPB300 级，直径为 Φ10，分布间距200。见示意图 2.3.6-3。

独立基础平法施工图制图规则

图2.3.6-3 四柱独立基础底板顶部基础梁间配筋注写示意

平行设置两道基础梁的四柱独立基础底板配筋,也可按双梁条形基础底板配筋的注写规定(详见本规则第一部分第3章的相关内容)。

2.3.7 采用平面注写方式表达的独立基础设计施工图示意见本图集第18页。

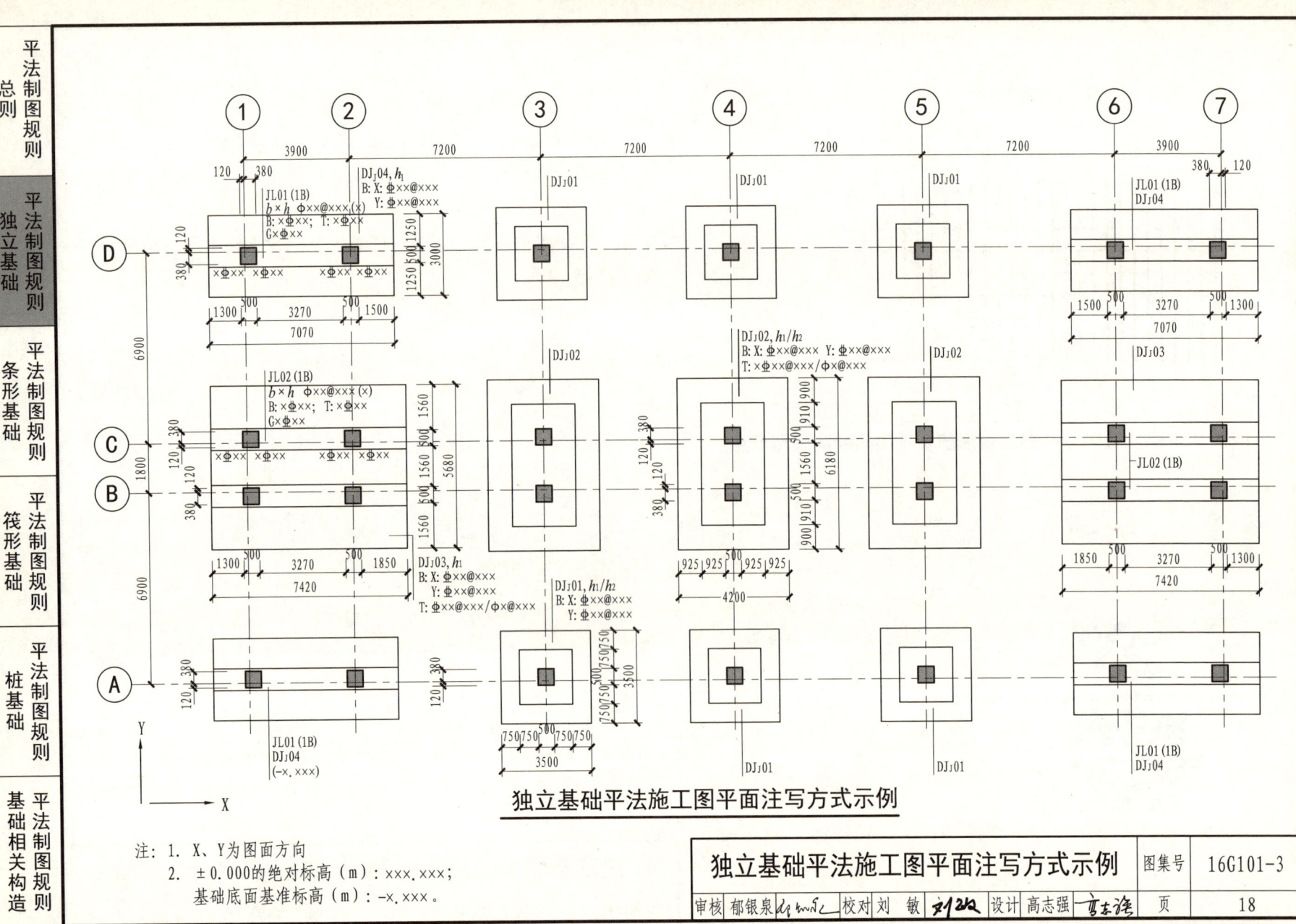

## 2.4 独立基础的截面注写方式

2.4.1 独立基础的截面注写方式,又可分为**截面标注**和**列表注写**(结合截面示意图)两种表达方式。

采用截面注写方式,应在基础平面布置图上对所有基础进行编号,见表2.2.1。

2.4.2 对单个基础进行**截面标注**的内容和形式,与传统"单构件正投影表示方法"基本相同。对于已在基础平面布置图上原位标注清楚的该基础的平面几何尺寸,在截面图上可不再重复表达,具体表达内容可参照本图集中相应的标准构造。

2.4.3 对多个同类基础,可采用**列表注写**(结合截面示意图)的方式进行集中表达。表中内容为基础截面的几何数据和配筋等,在截面示意图上应标注与表中栏目相对应的代号。列表的具体内容规定如下:

1. 普通独立基础。普通独立基础列表集中注写栏目为:

(1) 编号:阶形截面编号为 $DJ_J\times\times$,坡形截面编号为 $DJ_P\times\times$。

(2) 几何尺寸:水平尺寸 $x$、$y$,$x_c$、$y_c$(或圆柱直径 $d_c$),$x_i$、$y_i$,$i=1,2,3\cdots\cdots$;竖向尺寸 $h_1/h_2/\cdots\cdots$。

(3) 配筋:B:X:$\Phi\times\times@\times\times\times$,Y:$\Phi\times\times@\times\times\times$。

普通独立基础列表格式见表2.4.3-1。

表2.4.3-1 普通独立基础几何尺寸和配筋表

| 基础编号/截面号 | 截面几何尺寸 | | | | 底部配筋(B) | |
|---|---|---|---|---|---|---|
| | $x$、$y$ | $x_c$、$y_c$ | $x_i$、$y_i$ | $h_1/h_2/\cdots\cdots$ | X向 | Y向 |
| | | | | | | |
| | | | | | | |

注:表中可根据实际情况增加栏目。例如:当基础底面标高与基础底面基准标高不同时,加注基础底面标高;当为双柱独立基础时,加注基础顶部配筋或基础梁几何尺寸和配筋;当设置短柱时增加短柱尺寸及配筋等。

2. 杯口独立基础。杯口独立基础列表集中注写栏目为:

(1) 编号:阶形截面编号为 $BJ_J\times\times$,坡形截面编号为 $BJ_P\times\times$。

(2) 几何尺寸:水平尺寸 $x$、$y$,$x_u$、$y_u$,$t_i$,$x_i$、$y_i$,$i=1,2,3\cdots\cdots$;竖向尺寸 $a_0$、$a_1$,$h_1/h_2/h_3\cdots\cdots$。

(3) 配筋:B:X:$\Phi\times\times@\times\times\times$,Y:$\Phi\times\times@\times\times\times$,$Sn\times\Phi\times\times$,O:$\times\Phi\times\times/\Phi\times\times@\times\times\times/\Phi\times\times@\times\times\times$,$\phi\times\times@\times\times\times/\times\times\times$。

杯口独立基础列表格式见表2.4.3-2。

**独立基础平法施工图制图规则**

图集号 16G101-3

表2.4.3-2 杯口独立基础几何尺寸和配筋表

| 基础编号/截面号 | 截面几何尺寸 | | | | | 底部配筋(B) | | 杯口顶部钢筋网(Sn) | 短柱配筋(O) | |
|---|---|---|---|---|---|---|---|---|---|---|
| | $x$、$y$ | $x_c$、$y_c$ | $x_i$、$y_i$ | $a_0$、$a_1$ | $h_1/h_2/h_3$…… | X向 | Y向 | | 角筋/长边中部筋/短边中部筋 | 杯口壁箍筋/其他部位箍筋 |
| | | | | | | | | | | |
| | | | | | | | | | | |

注:1. 表中可根据实际情况增加栏目。如当基础底面标高与基础底面基准标高不同时,加注基础底面标高;或增加说明栏目等。
   2. 短柱配筋适用于高杯口独立基础,并适用于杯口独立基础杯壁有配筋的情况。

## 2.5 其他

**2.5.1** 与独立基础相关的基础联系梁的平法施工图设计,详见本规则部分第7章的相关规定。

**2.5.2** 当杯口独立基础配合采用国家建筑标准设计预制基础梁时,应根据其要求,处理好相关构造。

独立基础平法施工图制图规则

# 3 条形基础平法施工图制图规则

## 3.1 条形基础平法施工图的表示方法

3.1.1 条形基础平法施工图，有**平面注写**与**截面注写**两种表达方式，设计者可根据具体工程情况选择一种，或将两种方式相结合进行条形基础的施工图设计。

3.1.2 当绘制条形基础平面布置图时，应将条形基础平面与基础所支承的上部结构的柱、墙一起绘制。当基础底面标高不同时，需注明与基础底面基准标高不同之处的范围和标高。

3.1.3 当梁板式基础梁中心或板式条形基础板中心与建筑定位轴线不重合时，应标注其定位尺寸；对于编号相同的条形基础，可仅选择一个进行标注。

3.1.4 条形基础整体上可分为两类：

1. 梁板式条形基础。该类条形基础适用于钢筋混凝土框架结构、框架-剪力墙结构、部分框支剪力墙结构和钢结构。平法施工图将梁板式条形基础分解为基础梁和条形基础底板分别进行表达。

2. 板式条形基础。该类条形基础适用于钢筋混凝土剪力墙结构和砌体结构。平法施工图仅表达条形基础底板。

## 3.2 条形基础编号

3.2.1 条形基础编号分为基础梁和条形基础底板编号，按表3.2.1的规定。

表3.2.1 条形基础梁及底板编号

| 类　型 | | 代号 | 序号 | 跨数及有无外伸 |
|---|---|---|---|---|
| 基础梁 | | JL | ×× | (××)端部无外伸 |
| 条形基础底板 | 坡形 | $TJB_P$ | ×× | (××A)一端有外伸 |
| | 阶形 | $TJB_J$ | ×× | (××B)两端有外伸 |

注：条形基础通常采用坡形截面或单阶形截面。

## 3.3 基础梁的平面注写方式

3.3.1 基础梁 JL 的平面注写方式，分**集中标注**和**原位标注**两部分内容，当集中标注的某项数值不适用于基础梁的某部位时，则将该项数值采用原位标注，**施工时，原位标注优先**。

3.3.2 基础梁的**集中标注**内容为：**基础梁编号、截面尺寸、配筋**三项必注内容，以及**基础梁底面标高**（与基础底面基准标高不同时）和**必要的文字注解**两项选注内容。具体规定如下：

1. 注写基础梁编号（必注内容），见表3.2.1。

2. 注写基础梁截面尺寸（必注内容）。注写 $b×h$，表示梁截面宽度与高度。当为竖向加腋梁时，用 $b×hYc_1×c_2$ 表示，其中 $c_1$ 为腋长，$c_2$ 为腋高。

3. 注写基础梁配筋（必注内容）。

| 条形基础平法施工图制图规则 | 图集号 | 16G101-3 |
|---|---|---|
| | 页 | 21 |

(1) 注写基础梁箍筋：

1）当具体设计仅采用一种箍筋间距时，注写钢筋级别、直径、间距与肢数（箍筋肢数写在括号内，下同）。

2）当具体设计采用两种箍筋时，用"/"分隔不同箍筋，按照从基础梁两端向跨中的顺序注写。先注写第1段箍筋（在前面加注箍筋道数），在斜线后再注写第2段箍筋（不再加注箍筋道数）。

【例】9Φ16@100/Φ16@200(6)，表示配置两种间距的HRB400级箍筋，直径为16，从梁两端起向跨内按箍筋间距100每端各设置9道，梁其余部位的箍筋间距为200，均为6肢箍。

**施工时应注意**：两向基础梁相交的柱下区域，应有一向截面较高的基础梁箍筋贯通设置；当两向基础梁高度相同时，任选一向基础梁箍筋贯通设置。

(2) 注写基础梁底部、顶部及侧面纵向钢筋：

1）以B打头，注写梁底部贯通纵筋（不应少于梁底部受力钢筋总截面面积的1/3）。当跨中所注根数少于箍筋肢数时，需要在跨中增设梁底部架立筋以固定箍筋，采用"＋"将贯通纵筋与架立筋相联，架立筋注写在加号后面的括号内。

2）以T打头，注写梁顶部贯通纵筋。注写时用分号"；"将底部与顶部贯通纵筋分隔开，如有个别跨与其不同者按本规则第3.3.3条原位注写的规定处理。

3）当梁底部或顶部贯通纵筋多于一排时，用"/"将各排纵筋自上而下分开。

【例】B：4Φ25；T：12Φ25 7/5，表示梁底部配置贯通纵筋为4Φ25；梁顶部配置贯通纵筋上一排为7Φ25，下一排为5Φ25，共12Φ25。

4）以大写字母G打头注写梁两侧面对称设置的纵向构造钢筋的总配筋值（当梁腹板高度$h_w$不小于450时，根据需要配置）。

【例】G8Φ14，表示梁每个侧面配置纵向构造钢筋4Φ14，共配置8Φ14。

当需要配置抗扭纵向钢筋时，梁两个侧面设置的抗扭纵向钢筋以N打头。

【例】N8Φ16，表示梁的两个侧面共配置8Φ16的纵向抗扭钢筋，沿截面周边均匀对称设置。

注：1. 当为梁侧面构造钢筋时，其搭接与锚固长度可取为15$d$。
2. 当为梁侧面受扭纵向钢筋时，其锚固长度为$l_a$，搭接长度为$l_l$；其锚固方式同基础梁上部纵筋。

4. 注写基础梁底面标高（选注内容）。当条形基础的底面标高与基础底面基准标高不同时，将条形基础底面标高注写在"（ ）"内。

5. 必要的文字注解（选注内容）。当基础梁的设计有特殊要求时，宜增加必要的文字注解。

3.3.3 基础梁JL的**原位标注**规定如下：

1. 基础梁支座的底部纵筋，系指包含贯通纵筋与非贯通纵筋在内的所有纵筋：

（1）当底部纵筋多于一排时，用"/"将各排纵筋自上而下分开。

（2）当同排纵筋有两种直径时，用"+"将两种直径的纵筋相联。

（3）当梁支座两边的底部纵筋配置不同时，需在支座两边分别标注；当梁支座两边的底部纵筋相同时，可仅在支座的一边标注。

（4）当梁支座底部全部纵筋与集中注写过的底部贯通纵筋相同时，可不再重复做原位标注。

（5）竖向加腋梁加腋部位钢筋，需在设置加腋的支座处以Y打头注写在括号内。

【例】竖向加腋梁端（支座）处注写为Y4Φ25，表示竖向加腋部位斜纵筋为4Φ25。

**设计时应注意**：对于底部一平梁的支座两边配筋值不同的底部非贯通纵筋（"底部一平"为"梁底部在同一个平面上"的缩略词），应先按较小一边的配筋值选配相同直径的纵筋贯穿支座，再将较大一边的配筋差值选配适当直径的钢筋锚入支座，避免造成支座两边大部分钢筋直径不相同的不合理配置结果。

**施工及预算方面应注意**：当底部贯通纵筋经原位注写修正，出现两种不同配置的底部贯通纵筋时，应在两毗邻跨中配置较小一跨的跨中连接区域进行连接（即配置较大一跨的底部贯通纵筋需伸出至毗邻跨的跨中连接区域。具体位置见

标准构造详图）。

2.原位注写基础梁的附加箍筋或（反扣）吊筋。当两向基础梁十字交叉，但交叉位置无柱时，应根据需要设置附加箍筋或（反扣）吊筋。

将附加箍筋或（反扣）吊筋直接画在平面图中条形基础主梁上，原位直接引注总配筋值（附加箍筋的肢数注在括号内）。当多数附加箍筋或（反扣）吊筋相同时，可在条形基础平法施工图上统一注明。少数与统一注明值不同时，再原位直接引注。

**施工时应注意**：附加箍筋或（反扣）吊筋的几何尺寸应按照标准构造详图，结合其所在位置的主梁和次梁的截面尺寸确定。

3.原位注写基础梁外伸部位的变截面高度尺寸。当基础梁外伸部位采用变截面高度时，在该部位原位注写$b \times h_1/h_2$，$h_1$为根部截面高度，$h_2$为尽端截面高度。

4.原位注写修正内容。当在基础梁上集中标注的某项内容（如截面尺寸、箍筋、底部与顶部贯通纵筋或架立筋、梁侧面纵向构造钢筋、梁底面标高等）不适用于某跨或某外伸部位时，将其修正内容原位标注在该跨或该外伸部位，施工时原位标注取值优先。

当在多跨基础梁的集中标注中已注明竖向加腋，而该梁

## 条形基础平法施工图制图规则

某跨根部不需要竖向加腋时，则应在该跨原位标注无 $Yc_1×c_2$ 的 $b×h$，以修正集中标注中的竖向加腋要求。

### 3.4 基础梁底部非贯通纵筋的长度规定

3.4.1 为方便施工，对于基础梁柱下区域**底部非贯通纵筋**的伸出长度 $a_0$ 值：当配置不多于两排时，在标准构造详图中统一取值为自柱边向跨内伸出至 $l_n/3$ 位置；当非贯通纵筋配置多于两排时，从第三排起向跨内的伸出长度值应由设计者注明。$l_n$ 的取值规定为：边跨边支座的底部非贯通纵筋，$l_n$ 取本边跨的净跨长度值；对于中间支座的底部非贯通纵筋，$l_n$ 取支座两边较大一跨的净跨长度值。

3.4.2 基础梁外伸部位底部纵筋的伸出长度 $a_0$ 值，在标准构造详图中统一取值为：第一排伸出至梁端头后，全部上弯 $12d$ 或 $15d$；其他排钢筋伸至梁端头后截断。

3.4.3 设计者在执行第 3.4.1、3.4.2 条底部非贯通纵筋伸出长度的统一取值规定时，应注意按《混凝土结构设计规范》GB 50010、《建筑地基基础设计规范》GB 50007 和《高层建筑混凝土结构技术规程》JGJ 3 的相关规定进行校核，若不满足时应另行变更。

### 3.5 条形基础底板的平面注写方式

3.5.1 条形基础底板 $TJB_P$、$TJB_J$ 的平面注写方式，分集中标注和原位标注两部分内容。

3.5.2 条形基础底板的**集中标注**内容为：**条形基础底板编号、截面竖向尺寸、配筋**三项必注内容，以及**条形基础底板底面标高**（与基础底面基准标高不同时）、**必要的文字注解**两项选注内容。

素混凝土条形基础底板的集中标注，除无底板配筋内容外与钢筋混凝土条形基础底板相同。具体规定如下：

1. 注写条形基础底板编号（必注内容），见表 3.2.1。条形基础底板向两侧的截面形状通常有两种：

（1）阶形截面，编号加下标"J"，如 $TJB_J××(××)$；

（2）坡形截面，编号加下标"P"，如 $TJB_P××(××)$。

2. 注写条形基础底板截面竖向尺寸（必注内容）。注写 $h_1/h_2/……$，具体标注为：

（1）当条形基础底板为坡形截面时，注写为 $h_1/h_2$，见示意图 3.5.2-1；

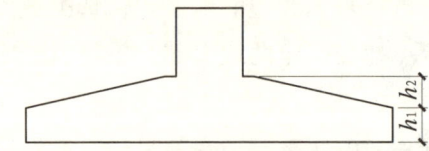

**图 3.5.2-1 条形基础底板坡形截面竖向尺寸**

【例】当条形基础底板为坡形截面 $TJB_P××$，其截面竖向尺寸注写为 300/250 时，表示 $h_1=300$、$h_2=250$，基础底板根部总高度为 550。

（2）当条形基础底板为阶形截面时，见示意图 3.5.2-2；

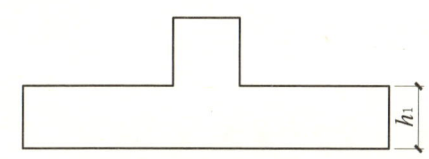

图 3.5.2-2 条形基础底板阶形截面竖向尺寸

【例】当条形基础底板为阶形截面 TJB$_J$××，其截面竖向尺寸注写为 300 时，表示 $h_1$=300，即为基础底板总高度。

上例及图 3.5.2-2 为单阶，当为多阶时各阶尺寸自下而上以"/"分隔顺写。

3. 注写条形基础底板底部及顶部配筋（必注内容）。

以 B 打头，注写条形基础底板底部的横向受力钢筋；以 T 打头，注写条形基础底板顶部的横向受力钢筋；注写时，用"/"分隔条形基础底板的横向受力钢筋与纵向分布钢筋，见示意图 3.5.2-3 和图 3.5.2-4。

【例】当条形基础底板配筋标注为：B: $\Phi$14@150/$\phi$8@250；表示条形基础底板底部配置 HRB400 级横向受力钢筋，直径为 14，间距 150；配置 HPB300 级纵向分布钢筋，直径为 8，间距 250。见示意图 3.5.2-3。

【例】当为双梁（或双墙）条形基础底板时，除在底板底部配置钢筋外，一般尚需在两根梁或两道墙之间的底板顶部配置钢筋，其中横向受力钢筋的锚固长度 $l_a$ 从梁的内边缘（或墙内边缘）起算，见图 3.5.2-4。

4. 注写条形基础底板底面标高（选注内容）。当条形基础底板的底面标高与条形基础底面基准标高不同时，应将条形基础底板底面标高注写在"（ ）"内。

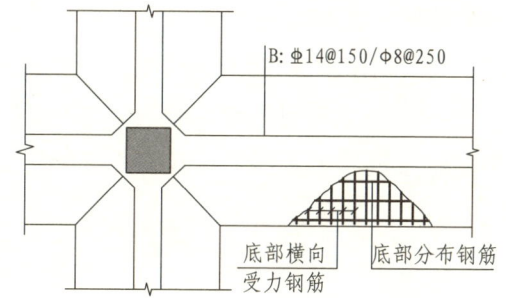

图 3.5.2-3 条形基础底板底部配筋示意

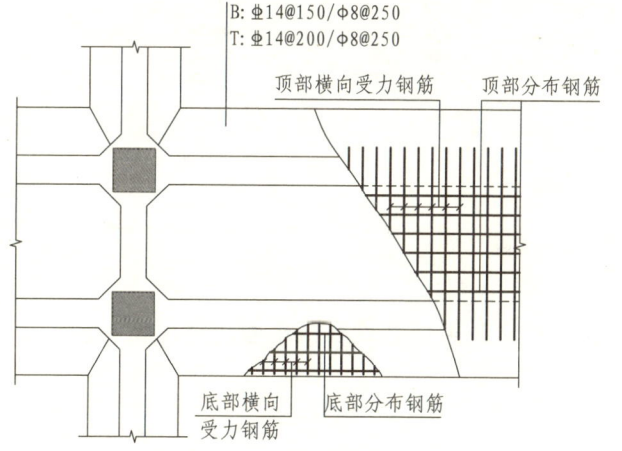

图 3.5.2-4 双梁条形基础底板配筋示意

5. 必要的文字注解（选注内容）。当条形基础底板有特殊要求时，应增加必要的文字注解。

3.5.3 条形基础底板的**原位标注**规定如下:

1. 原位注写条形基础底板的平面尺寸。原位标注 $b$、$b_i$，$i=1, 2, \ldots\ldots$。其中，$b$ 为基础底板总宽度，$b_i$ 为基础底板台阶的宽度。当基础底板采用对称于基础梁的坡形截面或单阶形截面时，$b_i$ 可不注，见图3.5.3。

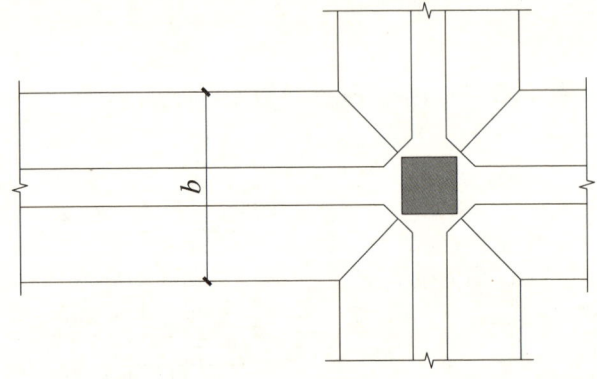

图3.5.3 条形基础底板平面尺寸原位标注

素混凝土条形基础底板的原位标注与钢筋混凝土条形基础底板相同。

对于相同编号的条形基础底板，可仅选择一个进行标注。

条形基础存在双梁或双墙共用同一基础底板的情况，当为双梁或为双墙且梁或墙荷载差别较大时，条形基础两侧可取不同的宽度，实际宽度以原位标注的基础底板两侧非对称的不同台阶宽度 $b_i$ 进行表达。

2. 原位注写修正内容。当在条形基础底板上集中标注的某项内容，如底板截面竖向尺寸、底板配筋、底板底面标高等，不适用于条形基础底板的某跨或某外伸部分时，可将其修正内容原位标注在该跨或该外伸部位，施工时原位标注取值优先。

3.5.4 采用平面注写方式表达的条形基础设计施工图示意见本图集第27页。

条形基础平法施工图制图规则

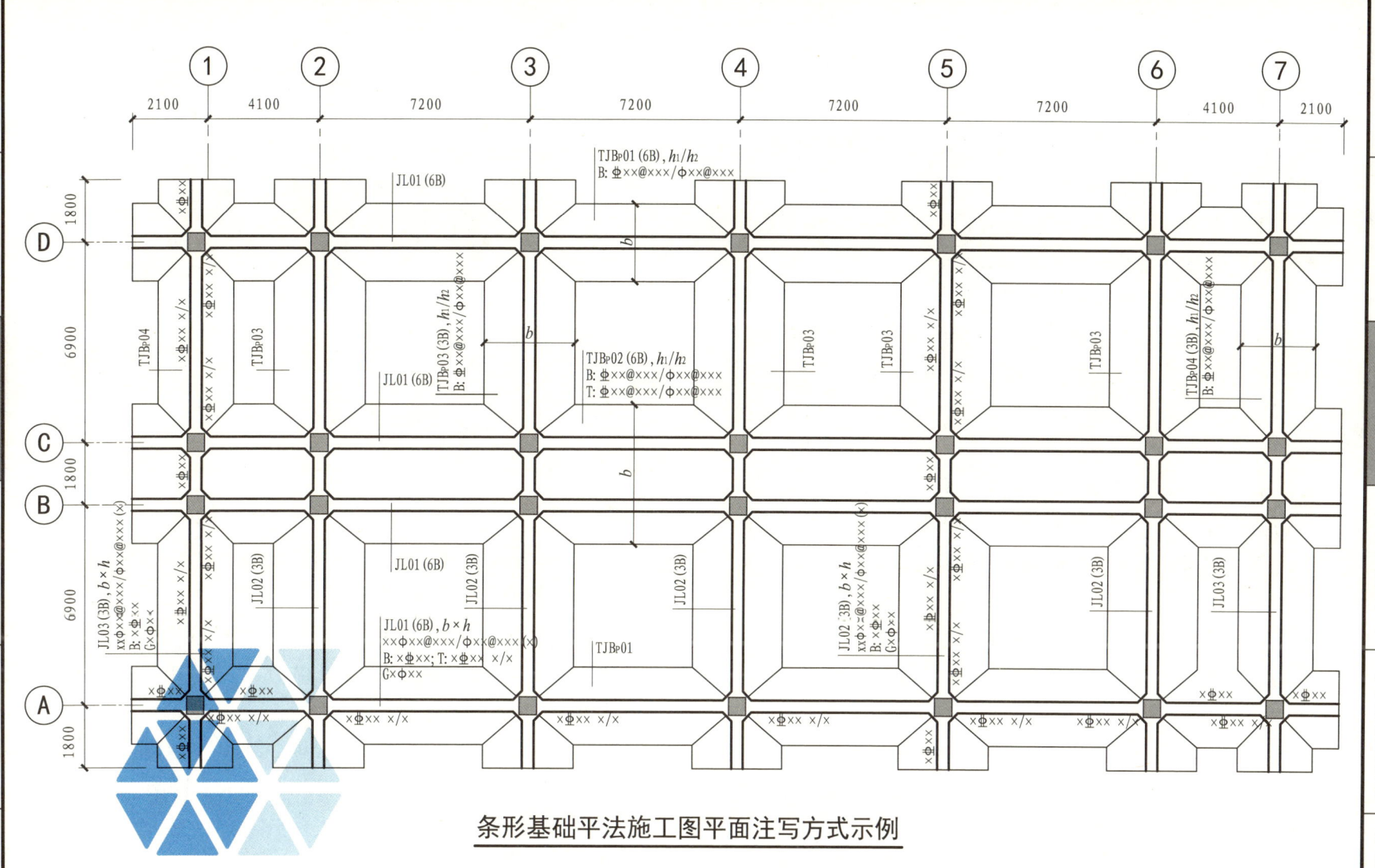

条形基础平法施工图平面注写方式示例

注：±0.000的绝对标高（m）：×××.×××；基础底面标高（m）：-×.×××。

## 3.6 条形基础的截面注写方式

3.6.1 条形基础的截面注写方式，又可分为**截面标注**和**列表注写**(结合截面示意图)两种表达方式。

采用截面注写方式，应在基础平面布置图上对所有条形基础进行编号，编号原则见表3.2.1。

3.6.2 对条形基础进行**截面标注**的内容和形式，与传统"单构件正投影表示方法"基本相同。对于已在基础平面布置图上原位标注清楚的该条形基础梁和条形基础底板的水平尺寸，可不在截面图上重复表达，具体表达内容可参照本图集中相应的标准构造。

3.6.3 对多个条形基础可采用**列表注写**（结合截面示意图）的方式进行集中表达。表中内容为条形基础截面的几何数据和配筋，截面示意图上应标注与表中栏目相对应的代号。列表的具体内容规定如下：

1. 基础梁。基础梁列表集中注写栏目为：

（1）编号：注写JL××(××)、JL××(××A)或JL××(××B)。

（2）几何尺寸：梁截面宽度与高度 $b×h$。当为竖向加腋梁时，注写 $b×h$ $Yc_1×c_2$，其中 $c_1$ 为腋长，$c_2$ 为腋高。

（3）配筋：注写基础梁底部贯通纵筋＋非贯通纵筋，顶部贯通纵筋，箍筋。当设计为两种箍筋时，箍筋注写为：第一种箍筋/第二种箍筋，第一种箍筋为梁端部箍筋，注写内容包括箍筋的箍数、钢筋级别、直径、间距与肢数。

基础梁列表格式见表3.6.3-1。

表3.6.3-1 基础梁几何尺寸和配筋表

| 基础梁编号/截面号 | 截面几何尺寸 | | 配 筋 | |
|---|---|---|---|---|
| | $b×h$ | 竖向加腋 $c_1×c_2$ | 底部贯通纵筋＋非贯通纵筋，顶部贯通纵筋 | 第一种箍筋/第二种箍筋 |
| | | | | |
| | | | | |

注：表中可根据实际情况增加栏目，如增加基础梁底面标高等。

2. 条形基础底板。条形基础底板列表集中注写栏目为：

（1）编号：坡形截面编号为TJB$_P$××(××)、TJB$_P$××(××A)或TJB$_P$××(××B)，阶形截面编号为TJB$_J$××(××)、TJB$_J$××(××A)或TJB$_J$××(××B)。

（2）几何尺寸：水平尺寸 $b$、$b_i$，$i$=1，2，……；竖向尺寸 $h_1/h_2$。

（3）配筋：B：$\Phi$××@×××/$\Phi$××@×××。

条形基础底板列表格式见表3.6.3-2。

**条形基础平法施工图制图规则**

表 3.6.3-2 条形基础底板几何尺寸和配筋表

| 基础底板编号/截面号 | 截面几何尺寸 | | | 底部配筋(B) | |
|---|---|---|---|---|---|
| | $b$ | $b_i$ | $h_1/h_2$ | 横向受力钢筋 | 纵向分布钢筋 |
| | | | | | |
| | | | | | |

注：表中可根据实际情况增加栏目，如增加上部配筋、基础底板底面标高（与基础底板底面基准标高不一致时）等。

3.7 其他

3.7.1 与条形基础相关的基础联系梁、后浇带的平法施工图设计，详见本图集制图规则部分第7章的相关规定。

| 条形基础平法施工图制图规则 | 图集号 | 16G101-3 |
|---|---|---|
| | 页 | 29 |

# 4 梁板式筏形基础平法施工图制图规则

## 4.1 梁板式筏形基础平法施工图的表示方法

4.1.1 梁板式筏形基础平法施工图,系在基础平面布置图上采用**平面注写方式**进行表达。

4.1.2 当绘制基础平面布置图时,应将梁板式筏形基础与其所支承的柱、墙一起绘制。梁板式筏形基础以多数相同的基础平板底面标高作为基础底面基准标高。当基础底面标高不同时,需注明与基础底面基准标高不同之处的范围和标高。

4.1.3 通过选注基础梁底面与基础平板底面的标高高差（见本规则第4.3节规定）来表达两者间的位置关系,可以明确其"高板位"（梁顶与板顶一平）、"低板位"（梁底与板底一平）以及"中板位"（板在梁的中部）三种不同位置组合的筏形基础,方便设计表达。

4.1.4 对于轴线未居中的基础梁,应标注其定位尺寸。

## 4.2 梁板式筏形基础构件的类型与编号

4.2.1 梁板式筏形基础由**基础主梁,基础次梁,基础平板**等构成,编号按表4.2.1的规定。

表 4.2.1　梁板式筏形基础构件编号

| 构件类型 | 代号 | 序号 | 跨数及有无外伸 |
|---|---|---|---|
| 基础主梁（柱下） | JL | ×× | (××)或(××A)或(××B) |
| 基础次梁 | JCL | ×× | (××)或(××A)或(××B) |
| 梁板筏基础平板 | LPB | ×× | |

注：1. (××A)为一端有外伸,(××B)为两端有外伸,外伸不计入跨数。

【例】JL7(5B)表示第7号基础主梁,5跨,两端有外伸。

2. 梁板式筏形基础平板跨数及是否有外伸分别在X、Y两向的贯通纵筋之后表达。图面从左至右为X向,从下至上为Y向。
3. 梁板式筏形基础主梁与条形基础梁编号与标准构造详图一致。

## 4.3 基础主梁与基础次梁的平面注写方式

4.3.1 基础主梁JL与基础次梁JCL的平面注写方式,分**集中标注**与**原位标注**两部分内容。当集中标注中的某项数值不适用于梁的某部位时,则将该项数值采用原位标注,**施工时,原位标注优先**。

4.3.2 基础主梁JL与基础次梁JCL的**集中标注**内容为：**基础梁编号、截面尺寸、配筋**三项必注内容,以及**基础梁底面标高高差**（相对于筏形基础平板底面标高）一项选注内容。具体规定如下：

1. 注写基础梁的编号,见表4.2.1。
2. 注写基础梁的截面尺寸。以 $b \times h$ 表示梁截面宽度与高度；当为竖向加腋梁时，用 $b×h$ $Yc_1×c_2$ 表示，其中 $c_1$ 为腋长，$c_2$ 为腋高。

3.注写基础梁的配筋。

（1）注写基础梁箍筋

1）当采用一种箍筋间距时，注写钢筋级别、直径、间距与肢数（写在括号内）。

2）当采用两种箍筋时，用"/"分隔不同箍筋，按照从基础梁两端向跨中的顺序注写。先注写第1段箍筋（在前面加注箍数），在斜线后再注写第2段箍筋（不再加注箍数）。

【例】9Φ16@100/Φ16@200(6)，表示配置 HRB400，直径为16的箍筋。间距为两种，从梁两端起向跨内按箍筋间距100每端各设置9道，梁其余部位的箍筋间距为200，均为6肢箍。

**施工时应注意**：两向基础主梁相交的柱下区域，应有一向截面较高的基础主梁箍筋贯通设置；当两向基础主梁高度相同时，任选一向基础主梁箍筋贯通设置。

（2）注写基础梁的底部、顶部及侧面纵向钢筋。

1）以B打头，先注写梁底部贯通纵筋（不应少于底部受力钢筋总截面面积的1/3）。当跨中所注根数少于箍筋肢数时，需要在跨中加设架立筋以固定箍筋，注写时,用加号"＋"将贯通纵筋与架立筋相联，架立筋注写在加号后面的括号内。

2）以T打头，注写梁顶部贯通纵筋值。注写时用分号"；"将底部与顶部纵筋分隔开，如有个别跨与其不同，按本规则第4.3.3条原位注写的规定处理。

【例】B4Φ32；T7Φ32，表示梁的底部配置4Φ32的贯通纵筋，梁的顶部配置7Φ32的贯通纵筋。

3）当梁底部或顶部贯通纵筋多于一排时，用斜线"/"将各排纵筋自上而下分开。

【例】梁底部贯通纵筋注写为B8Φ28 3/5，则表示上一排纵筋为3Φ28，下一排纵筋为5Φ28。

4）以大写字母G打头注写基础梁两侧面对称设置的纵向构造钢筋的总配筋值（当梁腹板高度 $h_w$ 不小于450时，根据需要配置）。

【例】G8Φ16，表示梁的两个侧面共配置8Φ16的纵向构造钢筋，每侧各配置4Φ16。

当需要配置抗扭纵向钢筋时，梁两个侧面设置的抗扭纵向钢筋以N打头。

【例】N8Φ16，表示梁的两个侧面共配置8Φ16的纵向抗扭钢筋，沿截面周边均匀对称设置。

注：1. 当为梁侧面构造钢筋时，其搭接与锚固长度可取为15$d$。
2. 当为梁侧面受扭纵向钢筋时，其锚固长度为 $l_a$，搭接长度为 $l_l$；其锚固方式同基础梁上部纵筋。

4.注写基础梁底面标高高差（系指相对于筏形基础平板底面标高的高差值），该项为选注值。有高差时需将高差写入括号内（如"高板位"与"中板位"基础梁的底面与基础平板底面标高的高差值），无高差时不注（如"低板位"筏形基础的基础梁）。

| 梁板式筏形基础平法施工图制图规则 | 图集号 | 16G101-3 |
|---|---|---|
| | 页 | 31 |

4.3.3 基础主梁与基础次梁的**原位标注**规定如下:

1. 梁支座的底部纵筋,系指包含贯通纵筋与非贯通纵筋在内的所有纵筋:

（1）当底部纵筋多于一排时,用"/"将各排纵筋自上而下分开。

【例】梁端（支座）区域底部纵筋注写为 10⊕25 4/6,则表示上一排纵筋为 4⊕25,下一排纵筋为 6⊕25。

（2）当同排纵筋有两种直径时,用加号"+"将两种直径的纵筋相联。

【例】梁端（支座）区域底部纵筋注写为 4⊕28+2⊕25,表示一排纵筋由两种不同直径钢筋组合。

（3）当梁中间支座两边的底部纵筋配置不同时,需在支座两边分别标注;当梁中间支座两边的底部纵筋相同时,可仅在支座的一边标注配筋值。

（4）当梁端（支座）区域的底部全部纵筋与集中注写过的贯通纵筋相同时,可不再重复做原位标注。

（5）竖向加腋梁加腋部位钢筋,需在设置加腋的支座处以 Y 打头注写在括号内。

【例】竖向加腋梁端（支座）处注写为 Y4⊕25,表示竖向加腋部位斜纵筋为 4⊕25。

**设计时应注意**：当对底部一平的梁支座两边的底部非贯通纵筋采用不同配筋值时,应先按较小一边的配筋值选配相同直径的纵筋贯穿支座,再将较大一边的配筋差值选配适当直径的钢筋锚入支座,避免造成两边大部分钢筋直径不相同的不合理配置结果。

**施工及预算方面应注意**：当底部贯通纵筋经原位修正注写后,两种不同配置的底部贯通纵筋应在两毗邻跨中配置较小一跨的跨中连接区域连接（即配置较大一跨的底部贯通纵筋需越过其跨数终点或起点伸至毗邻跨的跨中连接区域。具体位置见标准构造详图）。

2. 注写基础梁的附加箍筋或（反扣）吊筋。将其直接画在平面图中的主梁上,用线引注总配筋值（附加箍筋的肢数注在括号内）,当多数附加箍筋或（反扣）吊筋相同时,可在基础梁平法施工图上统一注明,少数与统一注明值不同时,再原位引注。

**施工时应注意**：附加箍筋或（反扣）吊筋的几何尺寸应按照标准构造详图,结合其所在位置的主梁和次梁的截面尺寸确定。

3. 当基础梁外伸部位变截面高度时,在该部位原位注写 $b \times h_1/h_2$,$h_1$ 为根部截面高度,$h_2$ 为尽端截面高度。

4. 注写修正内容。当在基础梁上集中标注的某项内容（如梁截面尺寸、箍筋、底部与顶部贯通纵筋或架立筋、梁侧面纵向构造钢筋、梁底面标高高差等）不适用于某跨或某外伸部分时,则将其修正内容原位标注在该跨或该外伸部位,施

**梁板式筏形基础平法施工图制图规则**

工时原位标注取值优先。

当在多跨基础梁的集中标注中已注明竖向加腋,而该梁某跨根部不需要竖向加腋时,则应在该跨原位标注等截面的$b×h$,以修正集中标注中的加腋信息。

4.3.4 按以上各项规定的组合表达方式,详见本图集第36页基础主梁与基础次梁标注图示。

## 4.4 基础梁底部非贯通纵筋的长度规定

4.4.1 为方便施工,凡基础主梁柱下区域和基础次梁支座区域底部非贯通纵筋的伸出长度 $a_0$ 值,当配置不多于两排时,在标准构造详图中统一取值为自支座边向跨内伸出至 $l_n/3$ 位置;当非贯通纵筋配置多于两排时,从第三排起向跨内的伸出长度值应由设计者注明。$l_n$ 的取值规定为:边跨边支座的底部非贯通纵筋,$l_n$ 取本边跨的净跨长度值;中间支座的底部非贯通纵筋,$l_n$ 取支座两边较大一跨的净跨长度值。

4.4.2 基础主梁与基础次梁外伸部位底部纵筋的伸出长度 $a_0$ 值,在标准构造详图中统一取值为:第一排伸出至梁端头后,全部上弯 $12d$ 或 $15d$;其他排伸至梁端头后截断。

4.4.3 设计者在执行第 4.4.1、4.4.2 条基础梁底部非贯通纵筋伸出长度的统一取值规定时,应注意按《混凝土结构设计规范》GB 50010、《建筑地基基础设计规范》GB 50007 和《高层建筑混凝土结构技术规程》JGJ 3 的相关规定进行校核,若不满足时应另行变更。

## 4.5 梁板式筏形基础平板的平面注写方式

4.5.1 梁板式筏形基础平板LPB的平面注写,分为**集中标注**与**原位标注**两部分内容。

4.5.2 梁板式筏形基础平板LPB贯通纵筋的**集中标注**,应在所表达的板区双向均为第一跨(X与Y双向首跨)的板上引出(图面从左至右为X向,从下至上为Y向)。

**板区划分条件**:板厚相同、基础平板底部与顶部贯通纵筋配置相同的区域为同一板区。

**集中标注**的内容规定如下:

1. 注写基础平板的**编号**,见表4.2.1。

2. 注写基础平板的**截面尺寸**。注写 h=××× 表示板厚。

3. 注写基础平板的底部与顶部贯通纵筋及其跨数及外伸情况。先注写 X 向底部(B 打头)贯通纵筋与顶部(T 打头)贯通纵筋及纵向长度范围;再注写 Y 向底部(B 打头)贯通纵筋与顶部(T 打头)贯通纵筋及其跨数及外伸情况(图面从左至右为 X 向,从下至上为 Y 向)。

贯通纵筋的跨数及外伸情况注写在括号中,注写方式为"跨数及有无外伸",其表达形式为:(××)(无外伸)、

---

**梁板式筏形基础平法施工图制图规则** | 图集号 16G101-3 | 页 33

(××A)(一端有外伸)或(××B)(两端有外伸)。

注：基础平板的跨数以构成柱网的主轴线为准；两主轴线之间无论有几道辅助轴线（例如框筒结构中混凝土内筒中的多道墙体），均可按一跨考虑。

【例】X：B$\Phi$22@150；T$\Phi$20@150；（5B）
　　　Y：B$\Phi$20@200；T$\Phi$18@200；（7A）

表示基础平板 X 向底部配置 $\Phi$22 间距 150 的贯通纵筋，顶部配置 $\Phi$20 间距 150 的贯通纵筋，共 5 跨两端有外伸；Y 向底部配置 $\Phi$20 间距 200 的贯通纵筋，顶部配置 $\Phi$18 间距 200 的贯通纵筋，共 7 跨一端有外伸。

当贯通筋采用两种规格钢筋"隔一布一"方式时，表达为 $\phi$xx/yy@×××，表示直径 xx 的钢筋和直径 yy 的钢筋之间的间距为×××，直径为 xx 的钢筋、直径为 yy 的钢筋间距分别为×××的 2 倍。

【例】$\Phi$10/12@100 表示贯通纵筋为 $\Phi$10、$\Phi$12 隔一布一，相邻 $\Phi$10 与 $\Phi$12 之间距离为 100。

**施工及预算方面应注意：** 当基础平板分板区进行集中标注，且相邻板区板底一平时，两种不同配置的底部贯通纵筋应在两毗邻板跨中配筋较小板跨的跨中连接区域连接（即配置较大板跨的底部贯通纵筋需越过板区分界线伸至毗邻板跨的跨中连接区域，具体位置见标准构造详图）。

4.5.3 梁板式筏形基础平板 LPB 的**原位标注**，主要表达**板底部附加非贯通纵筋**。

1. 原位注写位置及内容。板底部原位标注的附加非贯通纵筋，应在配置相同跨的第一跨表达（当在基础梁悬挑部位单独配置时则在原位表达）。在配置相同跨的第一跨（或基础梁外伸部位），垂直于基础梁绘制一段中粗虚线（当该筋通长设置在外伸部位或短跨板下部时，应画至对边或贯通短跨），在虚线上注写编号（如①、②等）、配筋值、横向布置的跨数及是否布置到外伸部位。

注：（××）为横向布置的跨数，（××A）为横向布置的跨数及一端基础梁的外伸部位，（××B）为横向布置的跨数及两端基础梁外伸部位。

板底部附加非贯通纵筋自支座中线向两边跨内的伸出长度值注写在线段的下方位置。当该筋向两侧对称伸出时，可仅在一侧标注，另一侧不注；当布置在边梁下时，向基础平板外伸部位一侧的伸出长度与方式按标准构造，设计不注。底部附加非贯通筋相同者，可仅注写一处，其他只注写编号。

**横向连续布置的跨数及是否布置到外伸部位，不受集中标注贯通纵筋的板区限制。**

【例】在基础平板第一跨原位注写底部附加非贯通纵筋 $\Phi$18@300(4A)，表示在第一跨至第四跨板且包括基础梁外伸部位横向配置 $\Phi$18@300 底部附加非贯通纵筋。伸出长度值略。

原位注写的底部附加非贯通纵筋与集中标注的底部贯通钢筋，宜采用"隔一布一"的方式布置，即基础平板（X 向或 Y 向）底部附加非贯通纵筋与贯通纵筋间隔布置，其标注间距与底部贯通纵筋相同（两者实际组合后的间距为各自标注间距的1/2)。

【例】原位注写的基础平板底部附加非贯通纵筋为⑤⌀22@300（3），该3跨范围集中标注的底部贯通纵筋为B⌀22@300，在该3跨支座处实际横向设置的底部纵筋合计为⌀22@150。其他与⑤号筋相同的底部附加非贯通纵筋可仅注编号⑤。

【例】原位注写的基础平板底部附加非贯通纵筋为②⌀25@300（4），该4跨范围集中标注的底部贯通纵筋为B⌀22@300，表示该4跨支座处实际横向设置的底部纵筋为⌀25和⌀22间隔布置，相邻⌀25与⌀22之间距离为150。

2. 注写修正内容。当集中标注的某些内容不适用于梁板式筏形基础平板某板区的某一板跨时，应由设计者在该板跨内注明，施工时应按注明内容取用。

3. 当若干基础梁下基础平板的底部附加非贯通纵筋配置相同时（其底部、顶部的贯通纵筋可以不同），可仅在一根基础梁下做原位注写，并在其他它梁上注明"该梁下基础平板底部附加非贯通纵筋同××基础梁"。

4.5.4 梁板式筏形基础平板LPB的平面注写规定，同样适用于钢筋混凝土墙下的基础平板。

按以上主要分项规定的组合表达方式，详见本图集第37页"梁板式筏形基础平板LPB标注图示"。

4.6 其他

4.6.1 与梁板式筏形基础相关的后浇带、下柱墩、基坑（沟）等构造的平法施工图设计，详见本图集制图规则部分第7章的相关规定。

4.6.2 应在图中注明的其他内容：

1. 当在基础平板周边沿侧面设置纵向构造钢筋时，应在图中注明。

2. 应注明基础平板外伸部位的封边方式，当采用U形钢筋封边时应注明其规格、直径及间距。

3. 当基础平板外伸变截面高度时，应注明外伸部位的 $h_1/h_2$，$h_1$ 为板根部截面高度，$h_2$ 为板尽端截面高度。

4. 当基础平板厚度大于2m时，应注明具体构造要求。

5. 当在基础平板外伸阳角部位设置放射筋时，应注明放射筋的强度等级、直径、根数以及设置方式等。

6. 板的上、下部纵筋之间设置拉筋时，应注明拉筋的强度等级、直径、双向间距等。

7. 应注明混凝土垫层厚度与强度等级。

8. 结合基础主梁交叉纵筋的上下关系，当基础平板同一层面的纵筋相交叉时,应注明何向纵筋在下,何向纵筋在上。

9. 设计需注明的其他内容。

## 基础主梁JL与基础次梁JCL标注说明

**集中标注说明：集中标注应在第一跨引出**

| 注写形式 | 表达内容 | 附加说明 |
|---|---|---|
| JL××(×B) 或 JCL××(×B) | 基础主梁JL或基础次梁JCL编号，具体包括：代号、序号（跨数及外伸状况） | (×A)：一端有外伸；(×B)：两端均有外伸；无外伸则仅注跨数(×) |
| $b \times h$ | 截面尺寸，梁宽×梁高 | 当加腋时，用 $b \times h$ Y$c_1 \times c_2$ 表示，其中 $c_1$ 为腋长，$c_2$ 为腋高 |
| ××φ××@×××/φ××@×××(×) | 第一种箍筋道数、强度等级、直径、间距/第二种箍筋（肢数） | φ—HPB300，Φ—HRB335，Φ—HRB400，Φ$^R$—RRB400，下同 |
| B×φ××；T×φ×× | 底部(B)贯通纵筋根数、强度等级、直径；顶部(T)贯通纵筋根数、强度等级、直径 | 底部纵筋应有不少于1/3贯通全跨顶部纵筋全部连通 |
| G×φ×× | 梁侧面纵向构造钢筋根数、强度等级、直径 | 为梁两个侧面构造纵筋的总根数 |
| (x.×××) | 梁底面相对于筏板基础平板标高的高差 | 高者前加+号，低者前加-号，无高差不注 |

**原位标注（含贯通筋）的说明：**

| 注写形式 | 表达内容 | 附加说明 |
|---|---|---|
| ×φ×× x/x | 基础主梁柱下与基础次梁支座区域底部纵筋根数、强度等级、直径，以及用"/"分隔的各排筋根数 | 为该区域底部包括贯通筋与非贯通筋在内的全部纵筋 |
| ×φ××(×) | 附加箍筋总根数(两侧均分)、强度级别、直径及肢数 | 在主次梁相交处的主梁上引出 |
| 其他原位标注 | 某部位与集中标注不同的内容 | 原位标注取值优先 |

注：平面注写时，相同的基础主梁或次梁只标注一根，其他仅编号。有关标注的其他规定详见制图规则。在基础梁相交处位于同一层面的纵筋相交叉时，设计应注明何梁纵筋在下，何梁纵筋在上。

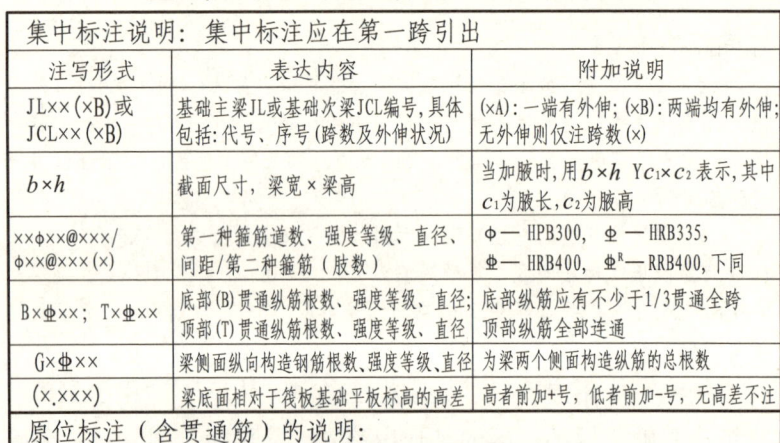

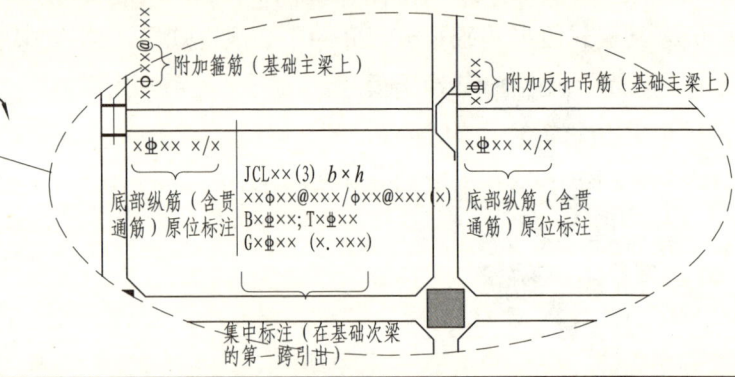

**基础主梁JL与基础次梁JCL标注图示**

1-1

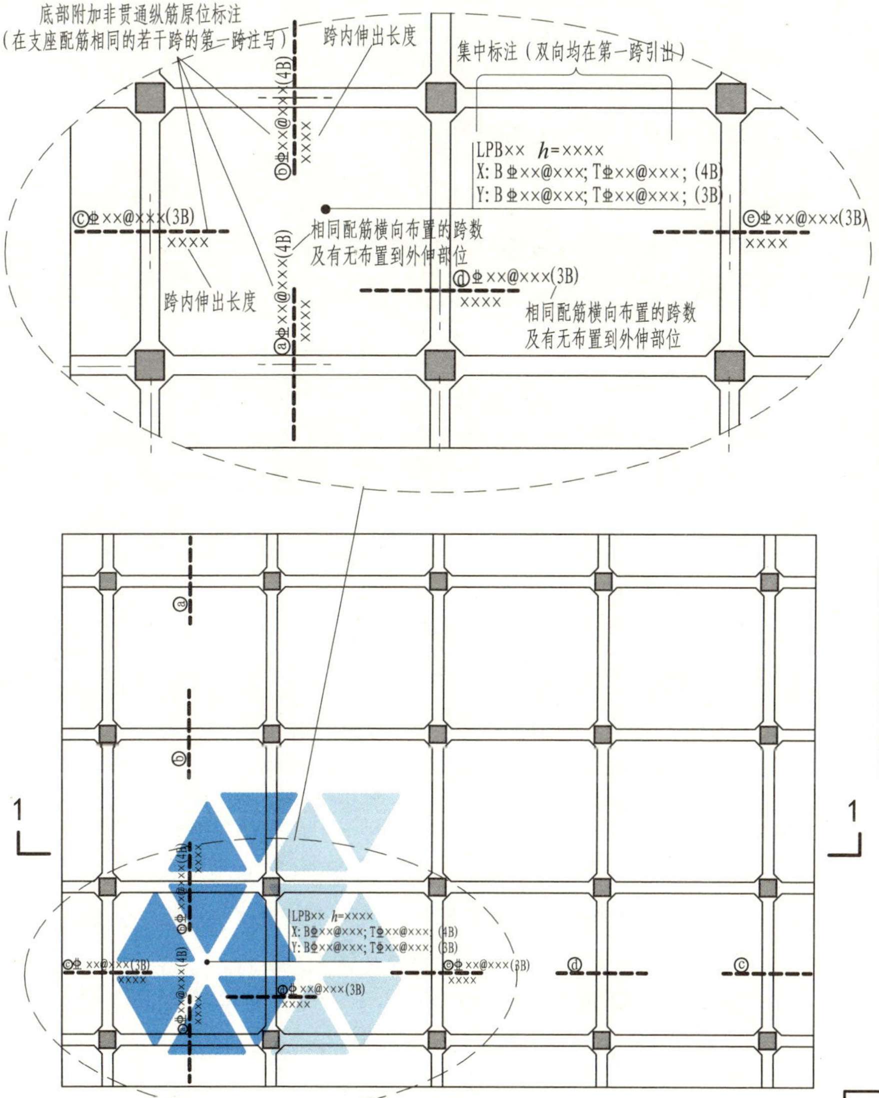

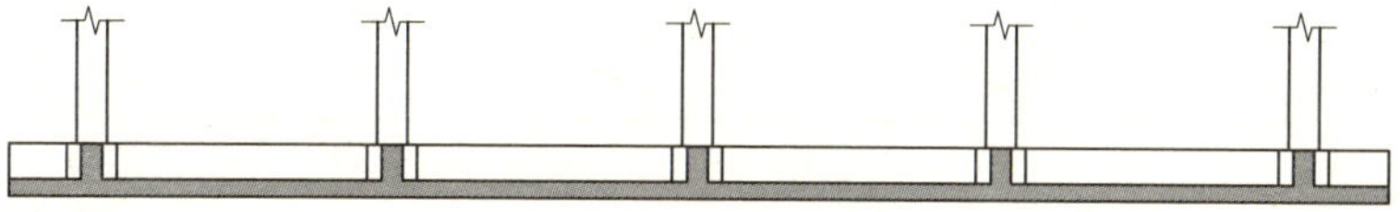

## 梁板式筏形基础基础平板LPB标注说明

**集中标注说明：集中标注应在双向均为第一跨引出**

| 注写形式 | 表达内容 | 附加说明 |
|---|---|---|
| LPBxx | 基础平板编号，包括代号和序号 | 为梁板式基础的基础平板 |
| h=xxxx | 基础平板厚度 | — |
| X: Bxx@xxx;<br>Txx@xxx; (4B)<br>Y: Bxx@xxx;<br>Txx@xxx; (3B) | X或Y向底部与顶部贯通纵筋强度级别、直径、间距（跨数及外伸情况） | 底部纵筋应有不少于1/3贯通全跨，注意与非贯通纵筋组合设置的具体要求，详见制图规则。顶部纵筋应全跨连通。用B引导底部贯通纵筋，用T引导顶部贯通纵筋。(xA)：一端有外伸；(xB)：两端均有外伸。无外伸仅仅注跨数(x)。图面从左至右为X向，从下至上为Y向 |

**板底部附加非贯通纵筋的原位标注说明：原位标注应在基础梁下相同配筋跨的第一跨下注写**

| 注写形式 | 表达内容 | 附加说明 |
|---|---|---|
| (x) xx@xxx (xA、xB)<br>xxxx | 板底部附加非贯通纵筋编号、强度级别、直径、间距（相同配筋横向布置的跨数外伸情况）；自梁中心线分别向两边跨内的伸出长度值 | 当向两侧对称伸出时，可仅在一侧注伸出长度值。外伸部位一侧的伸出长度与方式按标准构造，设计不注。相同非贯通纵筋可只注写一处，其他仅在中粗虚线上注写编号。与贯通纵筋组合设置时的具体要求见相应制图规则 |
| 注写修正内容 | 某部位与集中标注不同的内容 | 原位标注的修正内容取值优先 |

注：板底支座处实际配筋为集中标注的板底贯通纵筋与原位标注的板底附加非贯通纵筋之和。图注中注明的其他内容见制图规则第4.6.2条；有关标注的其他规定详见制图规则。

### 梁板式筏形基础平板LPB标注图示

图集号 16G101-3
页 37

## 5 平板式筏形基础平法施工图制图规则

### 5.1 平板式筏形基础平法施工图的表示方法

5.1.1 平板式筏形基础平法施工图，系在基础平面布置图上采用**平面注写方式**表达。

5.1.2 当绘制基础平面布置图时，应将平板式筏形基础与其所支承的柱、墙一起绘制。当基础底面标高不同时，需注明与基础底面基准标高不同之处的范围和标高。

### 5.2 平板式筏形基础构件的类型与编号

5.2.1 平板式筏形基础的平面注写表达方式有两种。一是划分为**柱下板带和跨中板带进行表达**；二是按**基础平板**进行表达。平板式筏形基础构件编号按表 5.2.1 的规定。

**表 5.2.1 平板式筏形基础构件编号**

| 构件类型 | 代号 | 序号 | 跨数及有无外伸 |
|---|---|---|---|
| 柱下板带 | ZXB | ×× | (××) 或 (××A) 或 (××B) |
| 跨中板带 | KZB | ×× | (××) 或 (××A) 或 (××B) |
| 平板式筏基础平板 | BPB | ×× |  |

注：1. (××A) 为一端有外伸，(××B) 为两端有外伸，外伸不计入跨数。

【例】ZXB7(5B) 表示第 7 号柱下板带，5 跨，两端有外伸。

2. 平板式筏形基础平板，其跨数及是否有外伸分别在 X、Y 两向的贯通纵筋之后表达。图面从左至右为 X 向，从下至上为 Y 向。

### 5.3 柱下板带、跨中板带的平面注写方式

5.3.1 柱下板带 ZXB（视其为无箍筋的宽扁梁）与跨中板带 KZB 的平面注写，分**集中标注与原位标注**两部分内容。

5.3.2 柱下板带与跨中板带的**集中标注**，应在第一跨（X 向为左端跨，Y 向为下端跨）引出。具体规定如下：

1. 注写**编号**，见表 5.2.1。

2. 注写**截面尺寸**，注写 $b = \times\times\times\times$ 表示板带宽度（在图注中注明基础平板厚度）。确定柱下板带宽度应根据规范要求与结构实际受力需要。当柱下板带宽度确定后，跨中板带宽度亦随之确定（即相邻两平行柱下板带之间的距离）。当柱下板带中心线偏离柱中心线时，应在平面图上标注其定位尺寸。

3. 注写**底部与顶部贯通纵筋**。注写底部贯通纵筋（B 打头）与顶部贯通纵筋（T 打头）的规格与间距，用分号";"将其分隔开。柱下板带的柱下区域，通常在其底部贯通纵筋的间隔内插空设有（原位注写的）底部附加非贯通纵筋。

【例】B⌀22@300；T⌀25@150 表示板带底部配置⌀22 间距 300 的贯通纵筋，板带顶部配置⌀25 间距 150 的贯通纵筋。

**施工及预算方面应注意**：当柱下板带的底部贯通纵筋配置从某跨开始改变时，两种不同配置的底部贯通纵筋应在两

毗邻跨中配置较小跨的跨中连接区域连接（即配置较大跨的底部贯通纵筋需越过其跨数终点或起点伸至毗邻跨的跨中连接区域。具体位置见标准构造详图）。

5.3.3 柱下板带与跨中板带**原位标注**的内容，主要为**底部附加非贯通纵筋**。具体规定如下：

1. 注写内容：以一段与板带同向的中粗虚线代表附加非贯通纵筋；柱下板带：贯穿其柱下区域绘制；跨中板带：横贯柱中线绘制。在虚线上注写底部附加非贯通纵筋的编号（如①、②等）、钢筋级别、直径、间距，以及自柱中线分别向两侧跨内的伸出长度值。当向两侧对称伸出时，长度值可仅在一侧标注，另一侧不注。外伸部位的伸出长度与方式按标准构造，设计不注。对同一板带中底部附加非贯通筋相同者，可仅在一根钢筋上注写，其他可仅在中粗虚线上注写编号。

原位注写的底部附加非贯通纵筋与集中标注的底部贯通纵筋，宜采用"隔一布一"的方式布置，即柱下板带或跨中板带底部附加非贯通纵筋与贯通纵筋交错插空布置，其标注间距与底部贯通纵筋相同（两者实际组合后的间距为各自标注间距的1/2）。

【例】柱下区域注写底部附加非贯通纵筋③⊥22@300，集中标注的底部贯通纵筋也为B⊥22@300，表示在柱下区域实际设置的底部纵筋为⊥22@150。其他部位与③号筋相同的附加非贯通纵筋仅注编号③。

【例】柱下区域注写底部附加非贯通纵筋②⊥25@300，集中标注的底部贯通纵筋为B⊥22@300，表示在柱下区域实际设置的底部纵筋为⊥25和⊥22间隔布置，相邻⊥25和⊥22之间距离为150。

当跨中板带在轴线区域不设置底部附加非贯通纵筋时，则不做原位注写。

2. 注写修正内容。当在柱下板带、跨中板带上集中标注的某些内容（如截面尺寸、底部与顶部贯通纵筋等）不适用于某跨或某外伸部分时，则将修正的数值原位标注在该跨或该外伸部位，施工时原位标注取值优先。

**设计时应注意**：对于支座两边不同配筋值的（经注写修正的）底部贯通纵筋，应按较小一边的配筋值选配相同直径的纵筋贯穿支座，较大一边的配筋差值选配适当直径的钢筋锚入支座，避免造成两边大部分钢筋直径不相同的不合理配置结果。

5.3.4 柱下板带 ZXB 与跨中板带 KZB 的注写规定，同样适用于平板式筏形基础上局部有剪力墙的情况。

5.3.5 按以上各项规定的组合表达方式，详见本图集第 42 页"柱下板带 ZXB 与跨中板带 KZB 标注图示"。

### 5.4 平板式筏形基础平板 BPB 的平面注写方式

5.4.1 平板式筏形基础平板 BPB 的平面注写，分为**集中标注**与**原位标注**两部分内容。

基础平板 BPB 的平面注写与柱下板带 ZXB、跨中板带 KZB

的平面注写虽是不同的表达方式，但可以表达同样的内容。当整片板式筏形基础配筋比较规律时，宜采用BPB表达方式。

5.4.2 平板式筏形基础平板 BPB 的**集中标注**，除按本规则表5.2.1注写编号外，所有规定均与本图集第4.5.2条相同。

当某向底部贯通纵筋或顶部贯通纵筋的配置，在跨内有两种不同间距时，先注写跨内两端的第一种间距，并在前面加注纵筋根数（以表示其分布的范围）；再注写跨中部的第二种间距（不需加注根数）；两者用"/"分隔。

【例】X：B12$\Phi$22@150/200；T10$\Phi$20@150/200 表示基础平板 X 向底部配置 $\Phi$22 的贯通纵筋，跨两端间距为150各配12根，跨中间距为200；X 向顶部配置 $\Phi$20 的贯通纵筋，跨两端间距为150各配10根，跨中间距为200（纵向总长度略）。

5.4.3 平板式筏形基础平板BPB的**原位标注**，主要表达横跨柱中心线下的**底部附加非贯通纵筋**。注写规定如下：

1. 原位注写位置及内容。在配置相同的若干跨的第一跨，垂直于柱中线绘制一段中粗虚线代表底部附加非贯通纵筋，在虚线上的注写内容与第4.5.3条第1款相同。

当柱中心线下的底部附加非贯通纵筋（与柱中心线正交）沿柱中心线连续若干跨配置相同时，则在该连续跨的第一跨下原位注写，且将同规格配筋连续布置的跨数注在括号内；当有些跨配置不同时，则应分别原位注写。外伸部位的底部附加非贯通纵筋应单独注写（当与跨内某筋相同时仅注写钢筋编号）。

当底部附加非贯通纵筋横向布置在跨内有两种不同间距的底部贯通纵筋区域时，其间距应分别对应为两种，其注写形式应与贯通纵筋保持一致，即先注写跨内两端的第一种间距，并在前面加注纵筋根数；再注写跨中部的第二种间距（不需加注根数）；两者用"/"分隔。

2. 当某些柱中心线下的基础平板底部附加非贯通纵筋横向配置相同时（其底部、顶部的贯通纵筋可以不同），可仅在一条中心线下做原位注写，并在其他柱中心线上注明"该柱中心线下基础平板底部附加非贯通纵筋同××柱中心线"。

5.4.4 平板式筏形基础平板BPB的平面注写规定，同样适用于平板式筏形基础上局部有剪力墙的情况。

按以上各项规定的组合表达方式，详见本图集第 43 页"平板式筏形基础平板 BPB 标注图示"。

## 5.5 其他

5.5.1 与平板式筏形基础相关的后浇带、上柱墩、下柱墩、基坑（沟）等构造的平法施工图设计，详见本图集制图规则部分第7章的相关规定。

5.5.2 平板式筏形基础应在图中注明的其他内容为：

1. 注明板厚。当整片平板式筏形基础有不同板厚时,应分别注明各板厚值及其各自的分布范围。

2. 当在基础平板周边沿侧面设置纵向构造钢筋时,应在图注中注明。

3. 应注明基础平板外伸部位的封边方式,当采用U形钢筋封边时,应注明其规格、直径及间距。

4. 当基础平板厚度大于2m时,应注明设置在基础平板中部的水平构造钢筋网。

5. 当在基础平板外伸阳角部位设置放射筋时,应注明放射筋的强度等级、直径、根数以及设置方式等。

6. 板的上、下部纵筋之间设置拉筋时,应注明拉筋的强度等级、直径、双向间距等。

7. 应注明混凝土垫层厚度与强度等级。

8. 当基础平板同一层面的纵筋相交叉时,应注明何向纵筋在下,何向纵筋在上。

9. 设计需注明的其他内容。

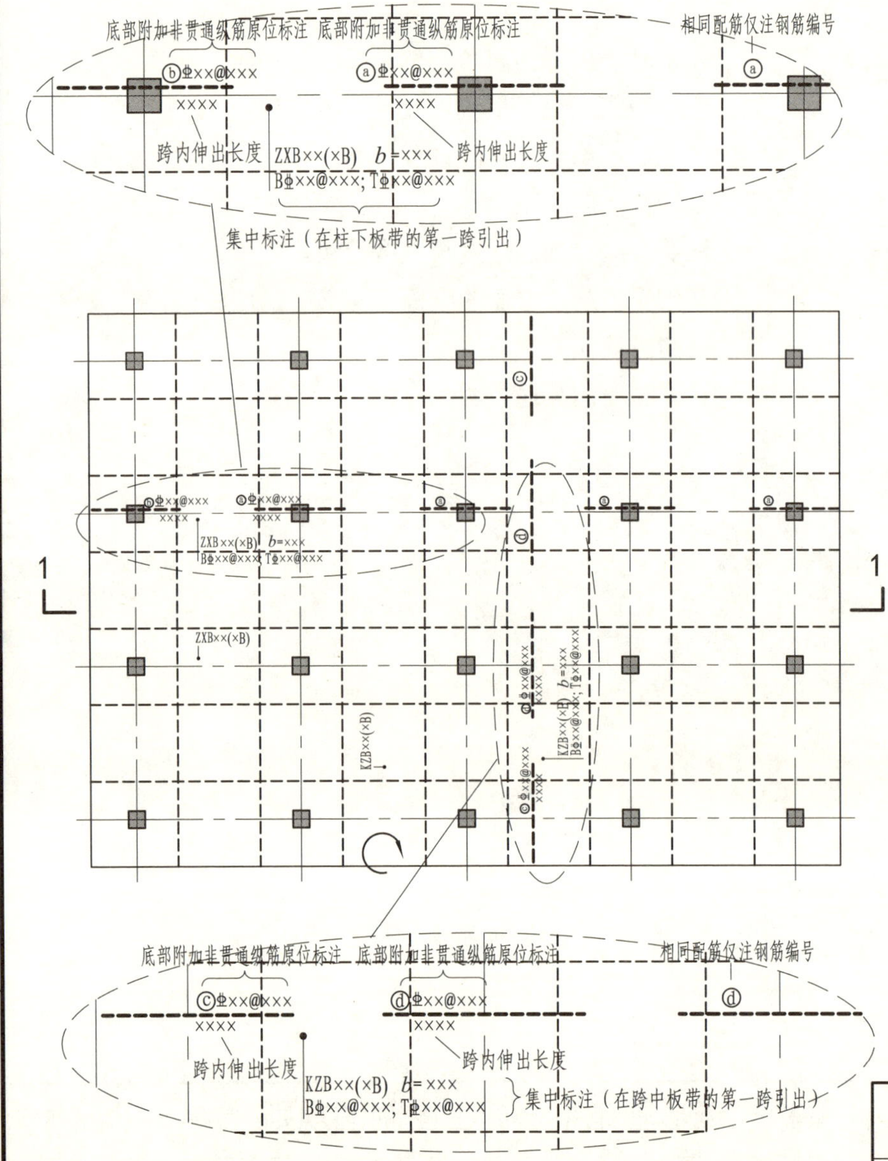

## 柱下板带ZXB与跨中板带KZB标注说明

**集中标注说明：集中标注应在第一跨引出**

| 注写形式 | 表达内容 | 附加说明 |
|---|---|---|
| ZXB××(×B) 或 KZB××(×B) | 柱下板带或跨中板带编号，具体包括：代号、序号（跨数及外伸状况） | (×A)：一端有外伸；(×B)：两端均有外伸；无外伸则仅注跨数(×) |
| b=×××× | 板带宽度（在图中应注明板厚） | 板带宽度取值与设置部位应符合规范要求 |
| B⊕××@×××; T⊕××@××× | 底部贯通纵筋强度等级、直径、间距；顶部贯通纵筋强度等级、直径、间距 | 底部纵筋应有不少于1/3贯通全跨，注意与非贯通纵筋组合设置的具体要求，详见制图规则 |

**板底部附加非贯通纵筋原位标注说明：**

| 注写形式 | 表达内容 | 附加说明 |
|---|---|---|
| 柱下板带：⓵⊕××@×××  ×××× ×××× 跨中板带：⓵⊕××@×××  ×××× ×××× | 底部非贯通纵筋编号、强度等级、直径、间距；自柱中线分别向两边跨内的伸出长度值 | 同一板带中其他相同非贯通纵筋可仅在中粗虚线上注写编号。向两侧对称伸出时，可只在一侧注伸出长度值。向外伸部位的伸出长度与方式按标准构造，设计不注。与贯通纵筋组合设置时的具体要求详见相应制图规则 |
| 修正内容原位注写 | 某部位与集中标注不同的内容原位标注的修正内容取值优先 | |

注：1. 相同的柱下或跨中板带只标注一处，其他仅注编号。
　　2. 图注中注明的其他内容见制图规则第5.5.2条；有关标注的其他规定详见制图规则。

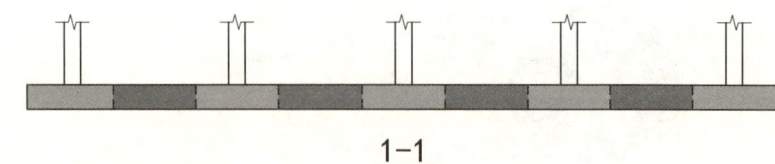

1-1

### 柱下板带ZXB与跨中板带KZB标注图示

图集号 16G101-3
页 42

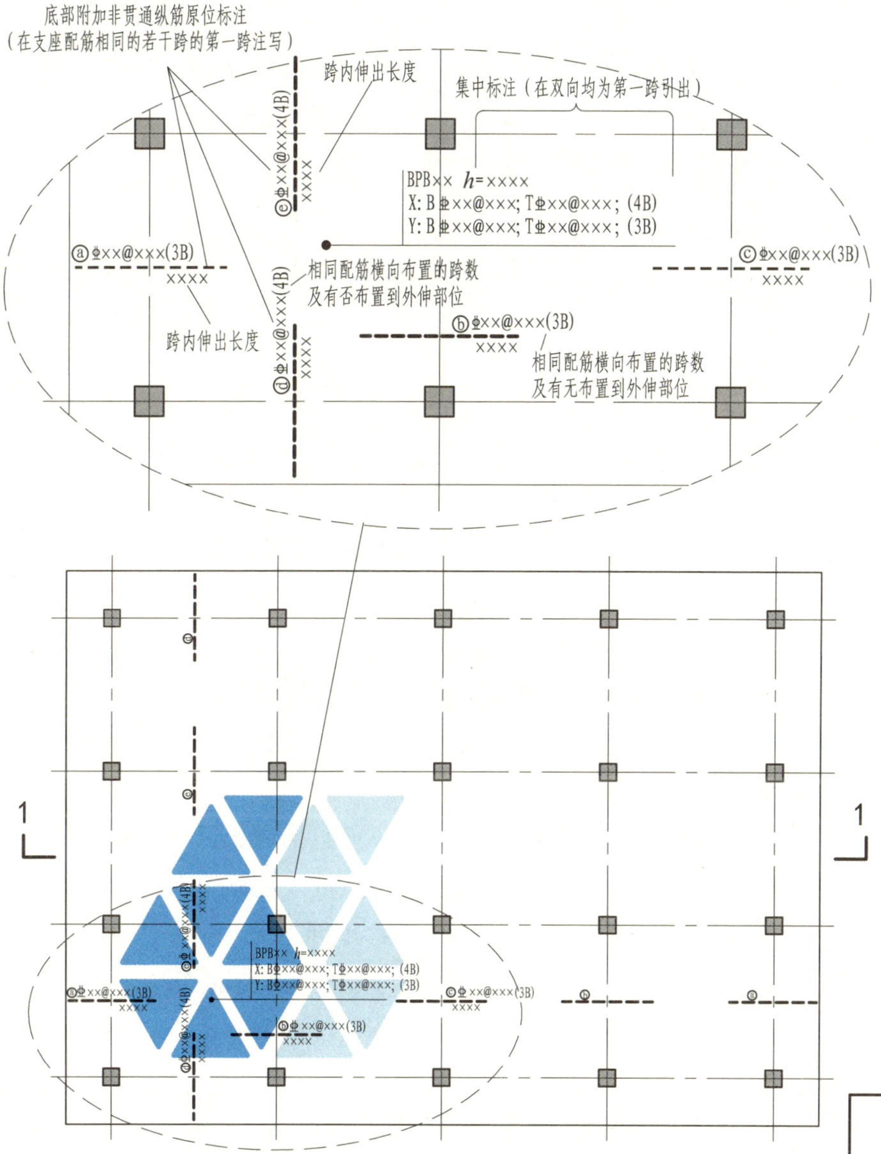

# 平板式筏形基础基础平板BPB标注说明

| 集中标注说明：集中标注应在双向均为第一跨引出 | | |
|---|---|---|
| 注写形式 | 表达内容 | 附加说明 |
| BPB×× | 基础平板编号，包括代号和序号 | 为平板式筏形基础的基础平板 |
| $h$=×××× | 基础平板厚度 | |
| X: B⌀××@×××; T⌀××@×××; (4B) Y: B⌀××@×××; T⌀××@×××; (3B) | X或Y向底部与顶部贯通纵筋强度级别、直径、间距（跨数及外伸情况） | 底部纵筋应有不少于1/3贯通全跨，注意与非贯通纵筋组合设置的具体要求，详见制图规则。顶部纵筋应全跨贯通。用B引导底部贯通纵筋，用T纵筋，用T引导顶部贯通纵筋。(×A)：一端有外伸；(×B)：两端均有外伸；无外伸则仅注跨数。图面从左至右为X向，从下至上为Y向。 |

| 板底部附加非贯通筋的原位标注说明：原位标注应在基础梁下相同配筋跨的第一跨下注写 | | |
|---|---|---|
| 注写形式 | 表达内容 | 附加说明 |
| Ⓧ⌀××@×××(×、×A、×B) ×××× ——柱中线 | 底部附加非贯通纵筋编号、强度等级、直径、间距（相同配筋横向布置的跨数及有无布置到外伸部位）；自梁中心线分别向两边跨内的伸出长度值 | 当向两侧对称伸出时，可只在一侧注伸出长度值。外伸部位一侧的伸出长度与方式按标准构造，设计不注。相同非贯通纵筋可只注写一处，其他仅在中粗虚线上注写编号。与贯通纵筋组合设置时的具体要求详见相应制图规则 |
| 注写修正内容 | 某部位与集中标注不同的内容 | 原位标注的修正内容取值优先 |

注：板底支座处实际配筋为集中标注的板底贯通纵筋与原位标注的板底附加非贯通纵筋之和。
图注中注明的其他内容见制图规则第5.5.2条；有关标注的其他规定详见制图规则。

1-1

| 平板式筏形基础平板BPB标注图示 | | | | | | 图集号 | 16G101-3 |
|---|---|---|---|---|---|---|---|
| 审核 | 郁银泉 | 校对 | 刘 敏 | 设计 | 高志强 | 页 | 43 |

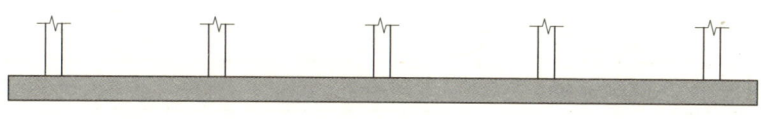

# 6 桩基础平法施工图制图规则

## 6.1 灌注桩平法施工图的表示方法

6.1.1 灌注桩平法施工图系在灌注桩平面布置图上采用**列表注写方式**或**平面注写方式**进行表达。

6.1.2 灌注桩平面布置图，可采用适当比例单独绘制，并标注其定位尺寸。

## 6.2 列表注写方式

6.2.1 列表注写方式，系在灌注桩平面布置图上，分别标注定位尺寸；在**桩表**中注写桩编号、桩尺寸、纵筋、螺旋箍筋、桩顶标高、单桩竖向承载力特征值。

6.2.2 桩表注写内容规定如下：

1. 注写桩编号，桩编号由类型和序号组成，应符合表6.2.2的规定

表 6.2.2 桩编号

| 类型 | 代号 | 序号 |
|---|---|---|
| 灌注桩 | GZH | ×× |
| 扩底灌注桩 | $GZH_K$ | ×× |

2. 注写桩尺寸，包括桩径 $D×$桩长 $L$，当为扩底灌注桩时，还应在括号内注写扩底端尺寸 $D_0/h_b/h_c$ 或 $D_0/h_b/h_{c1}/h_{c2}$。其中 $D_0$ 表示扩底端直径，$h_b$ 表示扩底端锅底形矢高，$h_c$ 表示扩底端高度，见图6.2.2。

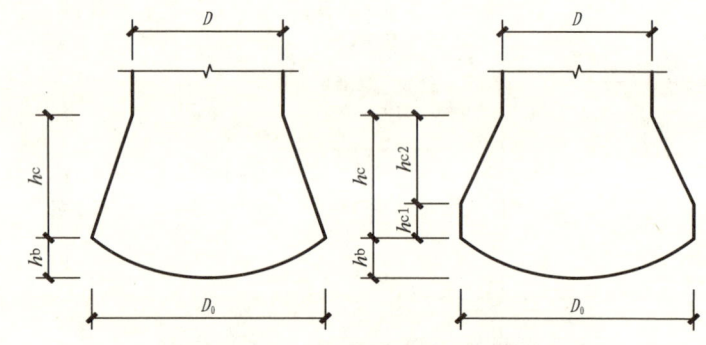

图 6.2.2 扩底灌注桩扩底端示意

3. 注写桩纵筋，包括桩周均布的纵筋根数、钢筋强度级别、从桩顶起算的纵筋配置长度。

（1）通长等截面配筋：注写全部纵筋如××⊈××。

（2）部分长度配筋：注写桩纵筋如××⊈××/L1，其中 L1 表示从桩顶起算的入桩长度。

（3）通长变截面配筋：注写桩纵筋包括通长纵筋××⊈××；非通长纵筋××⊈××/L1，其中 L1 表示从桩顶起算的入桩长度。通长纵筋与非通长纵筋沿桩周间隔均匀布置。

【例】15⊈20，15⊈18/6000，表示桩通长纵筋为15⊈20；桩非通长纵筋为 15⊈18，从桩顶起算的入桩长度为 6000。实际桩上段纵筋为

15$\Phi$20+15$\Phi$18，通长纵筋与非通长纵筋间隔均匀布置于桩周。

4. 以大写字母 L 打头，注写桩螺旋箍筋，包括钢筋强度级别、直径与间距。

（1）用斜线"/"区分桩顶箍筋加密区与桩身箍筋非加密区长度范围内箍筋的间距。本图集中箍筋加密区为桩顶以下 5D（D 为桩身直径），若与实际工程情况不同，需设计者在图中注明。

（2）当桩身位于液化土层范围内时，箍筋加密区长度应由设计者根据具体工程情况注明，或者箍筋全长加密。

【例】L$\Phi$8@100/200，表示箍筋强度级别为 HRB400 级钢筋，直径为 8，加密区间距为 100，非加密区间距为 200，L 表示螺旋箍筋。

【例】L$\Phi$8@100，表示沿桩身纵筋范围内箍筋均为 HRB400 级钢筋，直径为 8，间距为 100，L 表示采用螺旋箍筋。

5. 注写桩顶标高。

6. 注写单桩竖向承载力特征值。

**设计时应注意**：当考虑箍筋受力作用时，箍筋配置应符合《混凝土结构设计规范》GB 50010 的有关规定，并另行注明。

**设计未注明时**，本图集规定：当钢筋笼长度超过 4m 时，应每隔 2m 设一道直径 12mm 焊接加劲箍；焊接加劲箍亦可由设计另行注明。桩顶进入承台高度 h，桩径＜800 时取 50，桩径≥800 时取 100。

6.2.3 灌注桩列表注写的格式见表 6.2.3 灌注桩表。

表 6.2.3　灌注桩表

| 桩号 | 桩径 D × 桩长 L (mm×m) | 通长等截面配筋全部纵筋 | 箍筋 | 桩顶标高(m) | 单桩竖向承载力特征值(kN) |
|---|---|---|---|---|---|
| GZH1 | 800×16.700 | 10$\Phi$18 | L$\Phi$8@100/200 | -3.400 | 2400 |

注：表中可根据实际情况增加栏目。例如：当采用扩底灌注桩时，增加扩底端尺寸。

## 6.3 平面注写方式

6.3.1 平面注写方式的规则同列表注写方式，将表格中内容除单桩竖向承载力特征值以外集中标注在灌注桩上，见图 6.3.1。

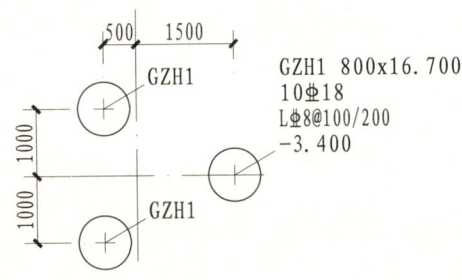

图 6.3.1 灌注桩平面注写

## 6.4 桩基承台平法施工图的表示方法

6.4.1 桩基承台平法施工图，有**平面注写**与**截面注写**两种表达方式，设计者可根据具体工程情况选择一种，或将两种方式相结合进行桩基承台施工图设计。

6.4.2 当绘制桩基承台平面布置图时，应将承台下的桩位和承台所支承的柱、墙一起绘制。当设置基础联系梁时，可根据图面的疏密情况，将基础联系梁与基础平面布置图一起绘制，或将基础联系梁布置图单独绘制。

6.4.3 当桩基承台的柱中心线或墙中心线与建筑定位轴线不重合时，应标注其定位尺寸；编号相同的桩基承台，可仅选择一个进行标注。

## 6.5 桩基承台编号

6.5.1 桩基承台分为独立承台和承台梁，分别按表 6.5.1-1 和表 6.5.1-2 的规定编号。

表 6.5.1-1 独立承台编号表

| 类 型 | 独立承台截面形状 | 代 号 | 序 号 | 说 明 |
|---|---|---|---|---|
| 独立承台 | 阶形 | $CT_J$ | ×× | 单阶截面即为平板式独立承台 |
| | 坡形 | $CT_P$ | ×× | |

注：杯口独立承台代号可为 $BCT_J$ 和 $BCT_P$，设计注写方式可参照杯口独立基础，施工详图应由设计者提供。

表 6.5.1-2 承台梁编号

| 类型 | 代号 | 序号 | 跨数及有无外伸 |
|---|---|---|---|
| 承台梁 | CTL | ×× | (××)端部无外伸<br>(××A)一端有外伸<br>(××B)两端有外伸 |

## 6.6 独立承台的平面注写方式

6.6.1 独立承台的平面注写方式，分为**集中标注**和**原位标注**两部分内容。

6.6.2 独立承台的**集中标注**，系在承台平面上集中引注：**独立承台编号、截面竖向尺寸、配筋**三项必注内容，以及**承台板底面标高**（与承台底面基准标高不同时）和**必要的文字注解**两项选注内容。具体规定如下：

**桩基础平法施工图制图规则**

1. 注写独立承台编号(必注内容)，见表 6.5.1-1。
独立承台的截面形式通常有两种：
（1）阶形截面，编号加下标"J"，如 $CT_J \times \times$；
（2）坡形截面，编号加下标"P"，如 $CT_P \times \times$。

2. 注写独立承台截面竖向尺寸（必注内容）。即注写 $h_1/h_2/\cdots\cdots$，具体标注为：

（1）当独立承台为阶形截面时，见图 6.6.2-1 和图 6.6.2-2。图 6.6.2-1 为两阶，当为多阶时各阶尺寸自下而上用"/"分隔顺写。当阶形截面独立承台为单阶时，截面竖向尺寸仅为一个，且为独立承台总高度，见示意图 6.6.2-2。

（2）当独立承台为坡形截面时，截面竖向尺寸注写为 $h_1/h_2$，见图 6.6.2-3。

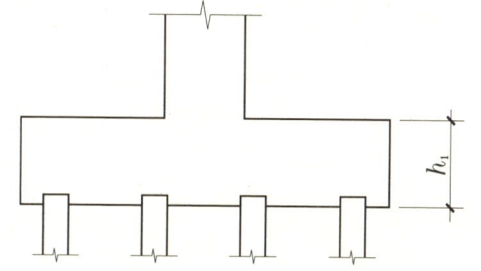

图 6.6.2-2 单阶截面独立承台竖向尺寸

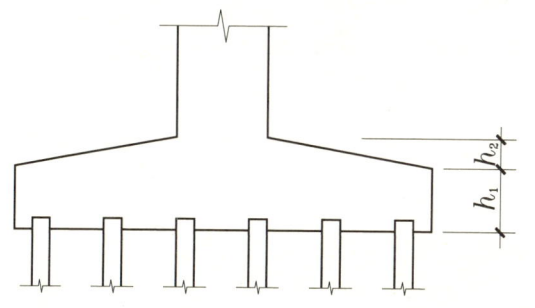

图 6.6.2-3 坡形截面独立承台竖向尺寸

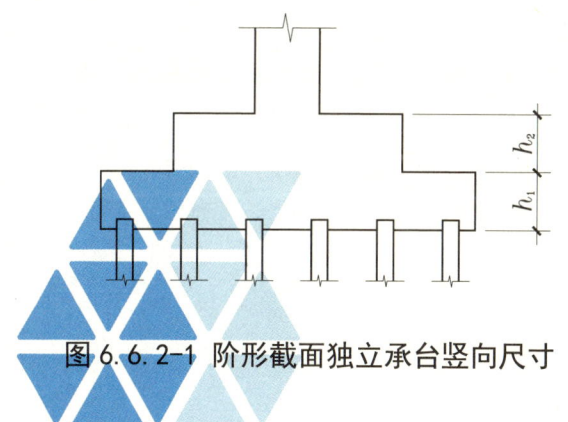

图 6.6.2-1 阶形截面独立承台竖向尺寸

3. 注写独立承台配筋（必注内容）。底部与顶部双向配筋应分别注写，顶部配筋仅用于双柱或四柱等独立承台。当独立承台顶部无配筋时则不注顶部。注写规定如下：

（1）以 B 打头注写底部配筋，以 T 打头注写顶部配筋。

（2）矩形承台 X 向配筋以 X 打头，Y 向配筋以 Y 打头；当两向配筋相同时，则以 X&Y 打头。

(3) 当为等边三桩承台时，以"△"打头，注写三角布置的各边受力钢筋（注明根数并在配筋值后注写"×3"），在"/"后注写分布钢筋，不设分布钢筋时可不注写。

【例】△××⊕××@×××3/φ××@×××。

(4) 当为等腰三桩承台时，以"△"打头注写等腰三角形底边的受力钢筋＋两对称斜边的受力钢筋（注明根数并在两对称配筋值后注写"×2"），在"/"后注写分布钢筋，不设分布钢筋时可不注写。

【例】△××⊕××@×××＋××⊕××@×××2/φ××@×××。

(5) 当为多边形（五边形或六边形）承台或异形独立承台，且采用X向和Y向正交配筋时，注写方式与矩形独立承台相同。

(6) 两桩承台可按承台梁进行标注。

**设计和施工时应注意**：三桩承台的底部受力钢筋应按三向板带均匀布置，且最里面的三根钢筋围成的三角形应在柱截面范围内。

4. 注写基础底面标高（选注内容）。当独立承台的底面标高与桩基承台底面基准标高不同时，应将独立承台底面标高注写在括号内。

5. 必要的文字注解（选注内容）。当独立承台的设计有特殊要求时，宜增加必要的文字注解。

6.6.3 独立承台的**原位标注**，系在桩基承台平面布置图上标注独立承台的平面尺寸，相同编号的独立承台，可仅选择一个进行标注，其他仅注编号。注写规定如下：

1. 矩形独立承台：原位标注 $x$、$y$，$x_c$、$y_c$（或圆柱直径 $d_c$），$x_i$、$y_i$，$a_i$、$b_i$，$i=1, 2, 3\cdots\cdots$。其中，$x$、$y$ 为独立承台两向边长，$x_c$、$y_c$ 为柱截面尺寸，$x_i$、$y_i$ 为阶宽或坡形平面尺寸，$a_i$、$b_i$ 为桩的中心距及边距（$a_i$、$b_i$ 根据具体情况可不注）。见图6.6.3-1。

2. 三桩承台。结合X、Y双向定位，原位标注 $x$ 或 $y$，$x_c$、$y_c$（或圆柱直径 $d_c$），$x_i$、$y_i$，$i=1, 2, 3\cdots\cdots$，$a$。其中，$x$ 或 $y$ 为三桩独立承台平面垂直于底边的高度，$x_c$、$y_c$ 为柱截面尺寸，$x_i$、$y_i$ 为承台分尺寸和定位尺寸，$a$ 为桩中心距切角边缘的距离。等边三桩独立承台平面原位标注，见图6.6.3-2。

等腰三桩独立承台平面原位标注，见图6.6.3-3。

3. 多边形独立承台。结合X、Y双向定位，原位标注 $x$ 或 $y$，$x_c$、$y_c$（或圆柱直径 $d_c$），$x_i$、$y_i$，$a_i$，$i=1, 2, 3\cdots\cdots$。具体设计时，可参照矩形独立承台或三桩独立承台的原位标注规定。

桩基础平法施工图制图规则

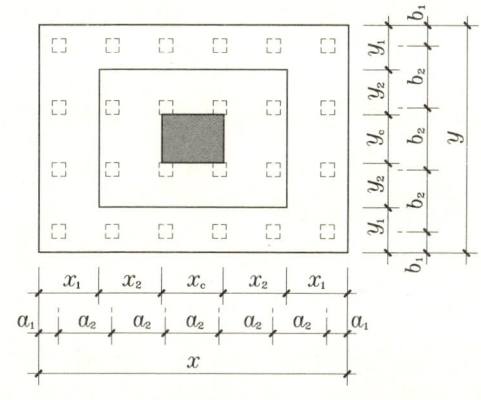

图 6.6.3-1 矩形独立承台平面原位标注

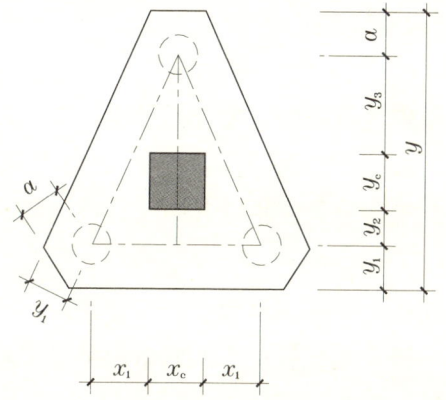

图 6.6.3-3 等腰三桩独立承台平面原位标注

## 6.7 承台梁的平面注写方式

6.7.1 承台梁 CTL 的平面注写方式，分集中标注和原位标注两部分内容。

6.7.2 承台梁的**集中标注**内容为：**承台梁编号、截面尺寸、配筋**三项必注内容，以及**承台梁底面标高（与承台底面基准标高不同时）、必要的文字注解**两项选注内容。具体规定如下：

1. 注写承台梁编号（必注内容），见表 6.5.1-2。

2. 注写承台梁截面尺寸（必注内容）。即注写 $b×h$，表示梁截面宽度与高度。

3. 注写承台梁配筋（必注内容）。

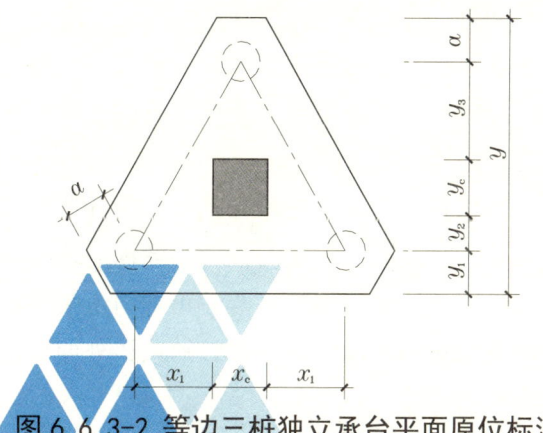

图 6.6.3-2 等边三桩独立承台平面原位标注

(1) 注写承台梁箍筋：

1) 当具体设计仅采用一种箍筋间距时，注写钢筋级别、直径、间距与肢数（箍筋肢数写在括号内，下同）。

2) 当具体设计采用两种箍筋间距时，用"/"分隔不同箍筋的间距。此时，设计应指定其中一种箍筋间距的布置范围。

**施工时应注意：** 在两向承台梁相交位置，应有一向截面较高的承台梁箍筋贯通设置；当两向承台梁等高时，可任选一向承台梁的箍筋贯通设置。

(2) 注写承台梁底部、顶部及侧面纵向钢筋：

1) 以B打头，注写承台梁底部贯通纵筋。

2) 以T打头，注写承台梁顶部贯通纵筋。

【例】B:5$\Phi$25; T:7$\Phi$25，表示承台梁底部配置贯通纵筋5$\Phi$25，梁顶部配置贯通纵筋7$\Phi$25。

3) 当梁底部或顶部贯通纵筋多于一排时，用"/"将各排纵筋自上而下分开。

4) 以大写字母G打头注写承台梁侧面对称设置的纵向构造钢筋的总配筋值（当梁腹板高度 $h_w \geq 450$ 时，根据需要配置）。

【例】G8$\Phi$14，表示梁每个侧面配置纵向构造钢筋4$\Phi$14，共配置8$\Phi$14。

4. 注写承台梁底面标高（选注内容）。当承台梁底面标高与桩基承台底面基准标高不同时，将承台梁底面标高注写在括号内。

5. 必要的文字注解（选注内容）。当承台梁的设计有特殊要求时，宜增加必要的文字注解。

6.7.3 承台梁的**原位标注**规定如下：

1. 原位标注承台梁的附加箍筋或（反扣）吊筋。当需要设置附加箍筋或（反扣）吊筋时，将附加箍筋或（反扣）吊筋直接画在平面图中的承台梁上，原位直接引注总配筋值（附加箍筋的肢数注在括号内）。当多数梁的附加箍筋或（反扣）吊筋相同时，可在桩基承台平法施工图上统一注明，少数与统一注明值不同时，再原位直接引注。

**施工时应注意：** 附加箍筋或（反扣）吊筋的几何尺寸应参照第79页标准构造详图，结合其所在位置的主梁和次梁的截面尺寸而定。

2. 原位注写修正内容。当在承台梁上集中标注的某项内容（如截面尺寸、箍筋、底部与顶部贯通纵筋或架立筋、梁侧面纵向构造钢筋、梁底面标高等）不适用于某跨或某外伸部位时，将其修正内容原位标注在该跨或该外伸部位，施工时原位标注取值优先。

## 6.8 桩基承台的截面注写方式

**6.8.1** 桩基承台的截面注写方式，可分为**截面标注**和**列表注写**（结合截面示意图）两种表达方式。

采用截面注写方式，应在桩基平面布置图上对所有桩基承台进行编号，见表6.5.1-1和表6.5.1-2。

**6.8.2** 桩基承台的截面注写方式，可参照独立基础及条形基础的截面注写方式，进行设计施工图的表达。

## 6.9 其他

**6.9.1** 与桩基承台相关的基础联系梁等构件的平法施工图设计，详见本图集制图规则部分第7章的相关规定。

# 7 基础相关构造制图规则

## 7.1 相关构造类型与表示方法

7.1.1 基础相关构造的平法施工图设计,系在基础平面布置图上采用**直接引注方式**表达。

基础相关构造类型与编号,按表7.1.1的规定。

**表7.1.1 基础相关构造类型与编号**

| 构造类型 | 代号 | 序号 | 说明 |
|---|---|---|---|
| 基础联系梁 | JLL | ×× | 用于独立基础、条形基础、桩基承台 |
| 后浇带 | HJD | ×× | 用于梁板、平板筏基础、条形基础等 |
| 上柱墩 | SZD | ×× | 用于平板筏基础 |
| 下柱墩 | XZD | ×× | 用于梁板、平板筏基础 |
| 基坑(沟) | JK | ×× | 用于梁板、平板筏基础 |
| 窗井墙 | CJQ | ×× | 用于梁板、平板筏基础 |
| 防水板 | FBPB | ×× | 用于独基、条基、桩基加防水板 |

注:1. 基础联系梁序号:(××)为端部无外伸或无悬挑,(××A)为一端有外伸或有悬挑,(××B)为两端有外伸或有悬挑。
2. 上柱墩位于筏板顶部混凝土柱根部位,下柱墩位于筏板底部混凝土柱或钢柱柱根水平投影部位,均根据筏形基础受力与构造需要而设。

## 7.2 相关构造平法施工图制图规则

7.2.1 基础联系梁平法施工图制图规则

基础联系梁系指连接独立基础、条形基础或桩基承台的梁。基础联系梁的平法施工图设计,系在基础平面布置图上采用平面注写方式表达。

基础联系梁注写方式及内容除编号按本规则表7.1.1规定外,其余均按16G101-1《混凝土结构施工图平面整体表示方法制图规则和构造详图(现浇混凝土框架、剪力墙、梁、板)》中非框架梁的制图规则执行。

7.2.2 后浇带HJD**直接引注**。后浇带的平面形状及定位由平面布置图表达,后浇带留筋方式等由引注内容表达,包括:

1. 后浇带编号及留筋方式代号。本图集留筋方式有两种,分别为:**贯通**和**100%搭接**。

2. 后浇混凝土的强度等级C××。宜采用补偿收缩混凝土,设计应注明相关施工要求。

3. 后浇带区域内,留筋方式或后浇混凝土强度等级不一致时,设计者应在图中注明与图示不一致的部位及做法。

设计者应注明后浇带下附加防水层做法:当设置抗水压垫层时,尚应注明其厚度、材料与配筋;当采用后浇带超前止水构造时,设计者应注明其厚度与配筋。

后浇带引注见图7.2.2。

贯通留筋的后浇带宽度通常取大于或等于800;100%搭

接留筋的后浇带宽度通常取800与（$l_l$+60）的较大值。

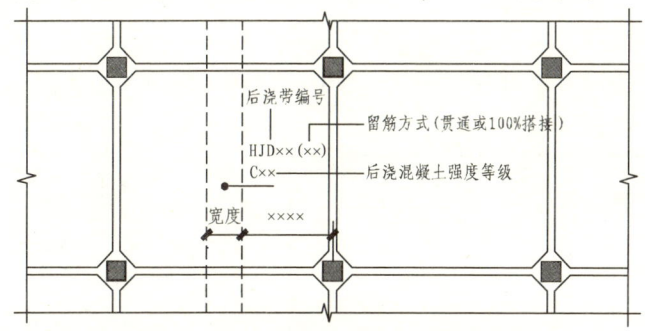

图7.2.2 后浇带HJD引注图示

7.2.3 上柱墩SZD，系根据平板式筏形基础受剪或受冲切承载力的需要，在板顶面以上混凝土柱的根部设置的混凝土墩。上柱墩**直接引注**的内容规定如下：

1. 注写编号SZD××，见表7.1.1。

2. 注写几何尺寸。按"柱墩向上凸出基础平板高度 $h_d$/柱墩顶部出柱边缘宽度 $c_1$/柱墩底部出柱边缘宽度 $c_2$"的顺序注写，其表达形式为 $h_d/c_1/c_2$。

当为棱柱形柱墩 $c_1=c_2$ 时，$c_2$ 不注，表达形式为 $h_d/c_1$。

3. 注写配筋。按"竖向（$c_1=c_2$）或斜竖向（$c_1 \neq c_2$）纵筋的总根数、强度等级与直径/箍筋强度等级、直径、间距与肢数（X向排列肢数m×Y向排列肢数n）"的顺序注写（当分两行注写时，则可不用斜线"/"）。

所注纵筋总根数环正方形柱截面均匀分布，环非正方形柱截面相对均匀分布（先放置柱角筋，其余按柱截面相对均匀分布），其表达形式为：××Φ××/φ××@×××。

棱台形上柱墩（$c_1 \neq c_2$）引注见图7.2.3-1。
棱柱形上柱墩（$c_1=c_2$）引注见图7.2.3-2。

【例】SZD3，600/50/350，14Φ16/φ10@100(4×4)，表示3号棱台状上柱墩；凸出基础平板顶面高度为600，底部每边出柱边缘宽度为350，顶部每边出柱边缘宽度为50；共配置14根Φ16斜向纵筋；箍筋直径为10，间距100，X向与Y向各为4肢。

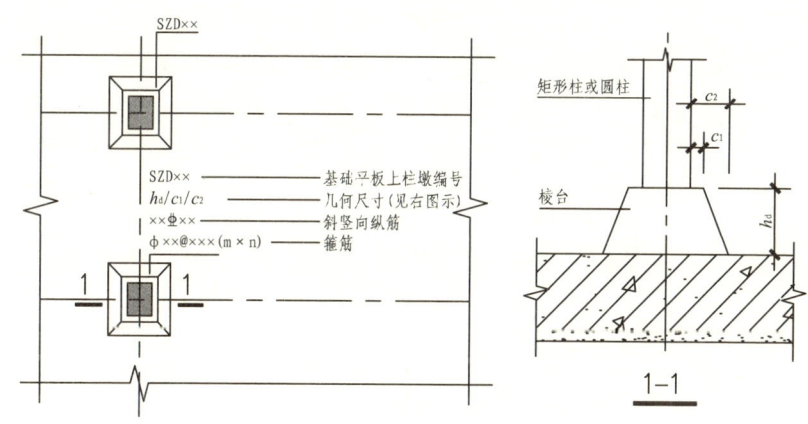

图7.2.3-1 棱台形上柱墩引注图示

基础相关构造制图规则

图集号 16G101-3

页 53

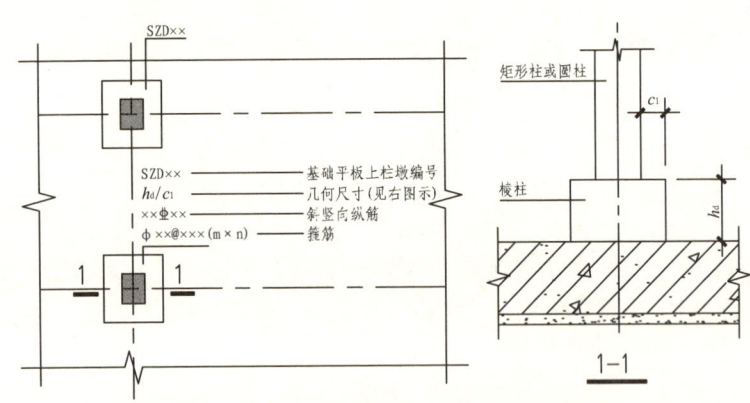

图 7.2.3-2 棱柱形上柱墩引注图示

7.2.4 下柱墩 XZD，系根据平板式筏形基础受剪或受冲切承载力的需要，在柱的所在位置、基础平板底面以下设置的混凝土墩。下柱墩直接引注的内容规定如下：

1. 注写编号 XZD××，见表 7.1.1。

2. 注写几何尺寸。按"柱墩向下凸出基础平板深度 $h_d$/柱墩顶部出柱投影宽度 $c_1$/柱墩底部出柱投影宽度 $c_2$"的顺序注写，其表达形式为 $h_d/c_1/c_2$。

当为倒棱柱形柱墩 $c_1=c_2$ 时，$c_2$ 不注，表达形式为 $h_d/c_1$。

3. 注写配筋。倒棱柱下柱墩，按"X 方向底部纵筋/Y 方向底部纵筋/水平箍筋"的顺序注写（图面从左至右为 X 向，从下至上为 Y 向），其表达形式为：X⊕××@×××/Y⊕××@×××/φ××@×××；倒棱台下柱墩，其斜侧面由两向纵筋覆盖，不必

配置水平箍筋，则其表达形式为：X⊕××@×××/Y⊕××@×××。

倒棱台形下柱墩（$c_1 \neq c_2$）引注见图 7.2.4-1。
倒棱柱形下柱墩（$c_1 = c_2$）引注见图 7.2.4-2。

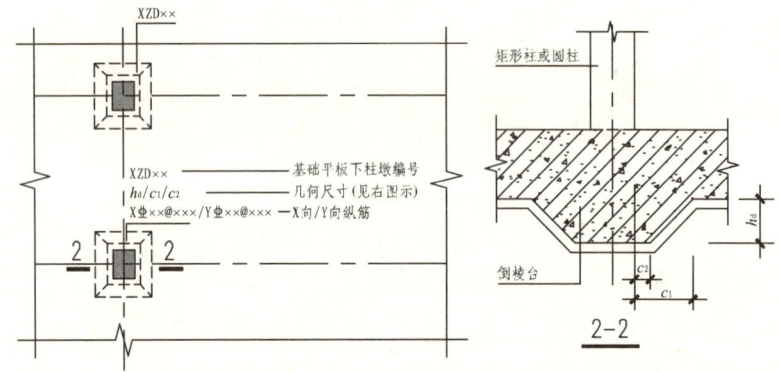

图 7.2.4-1 棱台形下柱墩引注图示

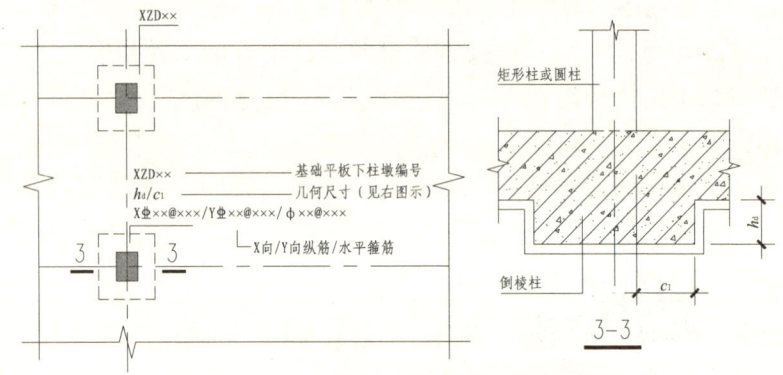

图 7.2.4-2 棱柱形下柱墩引注图示

**基础相关构造制图规则**

图集号 16G101-3

页 54

7.2.5 基坑JK 直接引注的内容规定如下：

1. 注写编号JK××，见表7.1.1。

2. 注写几何尺寸。按"基坑深度 $h_k$/基坑平面尺寸 $x×y$" 的顺序注写，其表达形式为 $h_k/x×y$。$x$ 为 X 向基坑宽度，$y$ 为 Y 向基坑宽度（图面从左至右为 X 向，从下至上为 Y 向）。

在平面布置图上应标注基坑的平面定位尺寸。

基坑引注图示见图7.2.5。

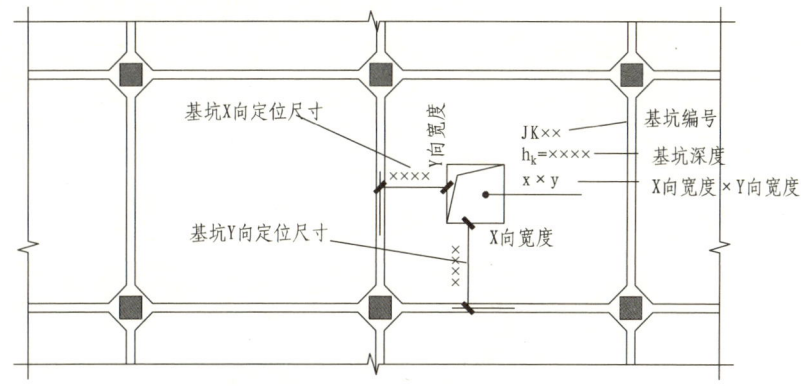

图7.2.5 基坑JK引注图示

7.2.6 窗井墙CJQ平法施工图制图规则

窗井墙注写方式及内容除编号按本规则表7.1.1规定外，其余均按16G101-1《混凝土结构施工图平面整体表示方法制图规则和构造详图（现浇混凝土框架、剪力墙、梁、板）》中剪力墙及地下室外墙的制图规则执行。

当在窗井墙顶部或底部设置通长加强钢筋时，设计应注明。

注：当窗井墙按深梁设计时由设计者另行处理。

7.2.7 防水板FBPB平面注写集中标注。

1. 注写编号FBPB，见表7.1.1。

2. 注写截面尺寸，注写 $h=×××$ 表示板厚。

3. 注写防水板的底部与顶部贯通纵筋。按板块的下部和上部分别注写，并以 B 代表下部，以 T 代表上部，B&T 代表下部与上部；X 向贯通纵筋以 X 打头，Y 向贯通纵筋以 Y 打头，两向贯通纵筋配置相同时则以 X&Y 打头。

【例】FBPB1  $h=250$

B: X&Y:12@200

T: X&Y:12@200

表示 1 号防水板，板厚 250，板底部 X 向、Y 向配置 ⊥12 距 200 的贯通纵筋；板顶部配置 X 向、Y 向 ⊥12 间距 200 的贯通纵筋。

当贯通筋采用两种规格钢筋"隔一布一"方式时，表达为 $\phi xx/yy@×××$，表示直径 xx 的钢筋和直径 yy 的钢筋之间的间距为×××，直径为 xx 的钢筋、直径为 yy 的钢筋间距分别为×××的 2 倍。

【例】⊥10/12@100 表示贯通纵筋为 ⊥10、⊥12 隔一布一，相邻 ⊥10 与 ⊥12 之间距离为 100。

4. 注写防水板底面标高，该项为选注值，当防水板底面标高与独基或条基底面标高一致时，可以不注。

7.3 其他

7.3.1 本章未包括的基础相关构造的表示方法与构造做法，应由设计者根据具体工程情况和规范要求进行设计、绘制。

## 混凝土结构的环境类别

| 环境类别 | 条 件 |
|---|---|
| 一 | 室内干燥环境；<br>无侵蚀性静水浸没环境 |
| 二a | 室内潮湿环境；<br>非严寒和非寒冷地区的露天环境；<br>非严寒和非寒冷地区与无侵蚀性的水或土壤直接接触的环境；<br>严寒和寒冷地区的冰冻线以下与无侵蚀性的水或土壤直接接触的环境 |
| 二b | 干湿交替环境；<br>水位频繁变动环境；<br>严寒和寒冷地区的露天环境；<br>严寒和寒冷地区冰冻线以上与无侵蚀性的水或土壤直接接触的环境 |
| 三a | 严寒和寒冷地区冬季水位变动区环境；<br>受除冰盐影响环境；<br>海风环境 |
| 三b | 盐渍土环境；<br>受除冰盐作用环境；<br>海岸环境 |
| 四 | 海水环境 |
| 五 | 受人为或自然的侵蚀性物质影响的环境 |

注：1. 室内潮湿环境是指构件表面经常处于结露或湿润状态的环境。
2. 严寒和寒冷地区的划分应符合现行国家标准《民用建筑热工设计规范》GB 50176 的有关规定。
3. 海岸环境和海风环境宜根据当地情况，考虑主导风向及结构所处迎风、背风部位等因素的影响，由调查研究和工程经验确定。
4. 受除冰盐影响环境是指受到除冰盐盐雾影响的环境；受除冰盐作用环境是指被除冰盐溶液溅射的环境以及使用除冰盐地区的洗车房、停车楼等建筑。
5. 暴露的环境是指混凝土结构表面所处的环境。

## 混凝土保护层的最小厚度

| 环境类别 | 板、墙 | | 梁、柱 | | 基础梁（顶面和侧面） | | 独立基础、条形基础、筏形基础（顶面和侧面） | |
|---|---|---|---|---|---|---|---|---|
| | ≤C25 | ≥C30 | ≤C25 | ≥C30 | ≤C25 | ≥C30 | ≤C25 | ≥C30 |
| 一 | 20 | 15 | 25 | 20 | 25 | 20 | — | — |
| 二a | 25 | 20 | 30 | 25 | 30 | 25 | 25 | 20 |
| 二b | 30 | 25 | 40 | 35 | 40 | 35 | 30 | 25 |
| 三a | 35 | 30 | 45 | 40 | 45 | 40 | 35 | 30 |
| 三b | 45 | 40 | 55 | 50 | 55 | 50 | 45 | 40 |

注：
1. 表中混凝土保护层厚度指最外层钢筋外边缘至混凝土表面的距离，适用于设计使用年限为50年的混凝土结构。
2. 构件中受力钢筋的保护层厚度不应小于钢筋的公称直径 $d$。
3. 一类环境中，设计使用年限为100年的结构最外层钢筋的保护层厚度不应小于表中数值的1.4倍；二、三类环境中，设计使用年限为100年的结构应采取专门的有效措施。
4. 钢筋混凝土基础宜设置混凝土垫层，基础底部的钢筋的混凝土保护层厚度应从垫层顶面算起，且不应小于40；无垫层时，不应小于70。
5. 桩基承台及承台梁：承台底面钢筋的混凝土保护层厚度，当有混凝土垫层时，不应小于50，无垫层时不应小于70；此外尚不应小于桩头嵌入承台内的长度。

| 混凝土结构的环境类别<br>混凝土保护层的最小厚度 | 图集号 | 16G101-3 |
|---|---|---|
| 审核 郁银泉　校对 冯海悦　设计 高志强 | 页 | 57 |

## 受拉钢筋基本锚固长度 $l_{ab}$

| 钢筋种类 | 混凝土强度等级 | | | | | | | | |
|---|---|---|---|---|---|---|---|---|---|
| | C20 | C25 | C30 | C35 | C40 | C45 | C50 | C55 | ≥C60 |
| HPB300 | 39d | 34d | 30d | 28d | 25d | 24d | 23d | 22d | 21d |
| HRB335 | 38d | 33d | 29d | 27d | 25d | 23d | 22d | 21d | 21d |
| HRB400、HRBF400 RRB400 | — | 40d | 35d | 32d | 29d | 28d | 27d | 26d | 25d |
| HRB500、HRBF500 | — | 48d | 43d | 39d | 36d | 34d | 32d | 31d | 30d |

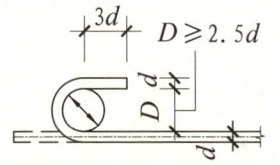

(a) 光圆钢筋末端180°弯钩

(b) 末端90°弯折

## 抗震设计时受拉钢筋基本锚固长度 $l_{abE}$

| 钢筋种类 | | 混凝土强度等级 | | | | | | | | |
|---|---|---|---|---|---|---|---|---|---|---|
| | | C20 | C25 | C30 | C35 | C40 | C45 | C50 | C55 | ≥C60 |
| HPB300 | 一、二级 | 45d | 39d | 35d | 32d | 29d | 28d | 26d | 25d | 24d |
| | 三级 | 41d | 36d | 32d | 29d | 26d | 25d | 24d | 23d | 22d |
| HRB335 | 一、二级 | 44d | 38d | 33d | 31d | 29d | 26d | 25d | 24d | 24d |
| | 三级 | 40d | 35d | 31d | 28d | 26d | 24d | 23d | 22d | 22d |
| HRB400 HRBF400 | 一、二级 | — | 46d | 40d | 37d | 33d | 32d | 31d | 30d | 29d |
| | 三级 | — | 42d | 37d | 34d | 30d | 29d | 28d | 27d | 26d |
| HRB500 HRBF500 | 一、二级 | — | 55d | 49d | 45d | 41d | 39d | 37d | 36d | 35d |
| | 三级 | — | 50d | 45d | 41d | 38d | 36d | 34d | 33d | 32d |

### 钢筋弯折的弯弧内直径 D

注：钢筋弯折的弯弧内直径D应符合下列规定：
1. 光圆钢筋，不应小于钢筋直径的2.5倍。
2. 335MPa级、400MPa级带肋钢筋，不应小于钢筋直径的4倍。
3. 500MPa级带肋钢筋，当直径$d \leq 25$时，不应小于钢筋直径的6倍；当直径$d > 25$时，不应小于钢筋直径的7倍。
4. 箍筋弯折处尚不应小于纵向受力钢筋直径；箍筋弯折处纵向受力钢筋为搭接或并筋时，应按钢筋实际排布情况确定箍筋弯弧内直径。

注：1. 四级抗震时，$l_{abE}=l_{ab}$。
2. 当锚固钢筋的保护层厚度不大于5d时，锚固钢筋长度范围内应设置横向构造钢筋，其直径不应小于d/4（d为锚固钢筋的最大直径）；对梁、柱等构件间距不应大于5d，对板、墙等构件间距不应大于10d，且均不应大于100（d为锚固钢筋的最小直径）。

## 受拉钢筋锚固长度 $l_a$

| 钢筋种类 | C20 | C25 | | C30 | | C35 | | C40 | | C45 | | C50 | | C55 | | ≥C60 | |
|---|---|---|---|---|---|---|---|---|---|---|---|---|---|---|---|---|---|
| | $d≤25$ | $d≤25$ | $d>25$ | $d≤25$ | $d>25$ | $d≤25$ | $d>25$ | $d≤25$ | $d>25$ | $d≤25$ | $d>25$ | $d≤25$ | $d>25$ | $d≤25$ | $d>25$ | $d≤25$ | $d>25$ |
| HPB300 | $39d$ | $34d$ | — | $30d$ | — | $28d$ | — | $25d$ | — | $24d$ | — | $23d$ | — | $22d$ | — | $21d$ | — |
| HRB335 | $38d$ | $33d$ | — | $29d$ | — | $27d$ | — | $25d$ | — | $23d$ | — | $22d$ | — | $21d$ | — | $21d$ | — |
| HRB400、HRBF400 RRB400 | — | $40d$ | $44d$ | $35d$ | $39d$ | $32d$ | $35d$ | $29d$ | $32d$ | $28d$ | $31d$ | $27d$ | $30d$ | $26d$ | $29d$ | $25d$ | $28d$ |
| HRB500、HRBF500 | — | $48d$ | $53d$ | $43d$ | $47d$ | $39d$ | $43d$ | $36d$ | $40d$ | $34d$ | $37d$ | $32d$ | $35d$ | $31d$ | $34d$ | $30d$ | $33d$ |

## 受拉钢筋抗震锚固长度 $l_{aE}$

| 钢筋种类及抗震等级 | | C20 | C25 | | C30 | | C35 | | C40 | | C45 | | C50 | | C55 | | ≥C60 | |
|---|---|---|---|---|---|---|---|---|---|---|---|---|---|---|---|---|---|---|
| | | $d≤25$ | $d≤25$ | $d>25$ | $d≤25$ | $d>25$ | $d≤25$ | $d>25$ | $d≤25$ | $d>25$ | $d≤25$ | $d>25$ | $d≤25$ | $d>25$ | $d≤25$ | $d>25$ | $d≤25$ | $d>25$ |
| HPB300 | 一、二级 | $45d$ | $39d$ | — | $35d$ | — | $32d$ | — | $29d$ | — | $28d$ | — | $26d$ | — | $25d$ | — | $24d$ | — |
| | 三级 | $41d$ | $36d$ | — | $32d$ | — | $29d$ | — | $26d$ | — | $25d$ | — | $24d$ | — | $23d$ | — | $22d$ | — |
| HRB335 | 一、二级 | $44d$ | $38d$ | — | $33d$ | — | $31d$ | — | $29d$ | — | $26d$ | — | $25d$ | — | $24d$ | — | $24d$ | — |
| | 三级 | $40d$ | $35d$ | — | $30d$ | — | $28d$ | — | $26d$ | — | $24d$ | — | $23d$ | — | $22d$ | — | $22d$ | — |
| HRB400 HRBF400 | 一、二级 | — | $46d$ | $51d$ | $40d$ | $45d$ | $37d$ | $40d$ | $33d$ | $37d$ | $32d$ | $36d$ | $31d$ | $35d$ | $30d$ | $33d$ | $29d$ | $32d$ |
| | 三级 | — | $42d$ | $46d$ | $37d$ | $41d$ | $34d$ | $37d$ | $30d$ | $34d$ | $29d$ | $33d$ | $28d$ | $32d$ | $27d$ | $30d$ | $26d$ | $29d$ |
| HRB500 HRBF500 | 一、二级 | — | $55d$ | $61d$ | $49d$ | $54d$ | $45d$ | $49d$ | $41d$ | $46d$ | $39d$ | $43d$ | $37d$ | $40d$ | $36d$ | $39d$ | $35d$ | $38d$ |
| | 三级 | — | $50d$ | $56d$ | $45d$ | $49d$ | $41d$ | $45d$ | $38d$ | $42d$ | $36d$ | $39d$ | $34d$ | $37d$ | $33d$ | $36d$ | $32d$ | $35d$ |

注：1. 当为环氧树脂涂层带肋钢筋时，表中数据尚应乘以1.25。
2. 当纵向受拉钢筋在施工过程中易受扰动时，表中数据尚应乘以1.1。
3. 当锚固长度范围内纵向受力钢筋周边保护层厚度为$3d$、$5d$（$d$为锚固钢筋的直径）时，表中数据可分别乘以0.8、0.7；中间时按内插值。
4. 当纵向受拉普通钢筋锚固长度修正系数（注1~注3）多于一项时，可按连乘计算。
5. 受拉钢筋的锚固长度$l_a$、$l_{aE}$计算值不应小于200。
6. 四级抗震时，$l_{aE}=l_a$。
7. 当锚固钢筋的保护层厚度不大于$5d$时，锚固钢筋长度范围内应设置横向构造钢筋，其直径不应小于$d/4$（$d$为锚固钢筋的最大直径）；对梁、柱等构件间距不应大于$5d$，对板、墙等构件间距不应大于$10d$，且均不应大于100（$d$为锚固钢筋的最小直径）。
8. HPB300级钢筋末端应做180°弯钩，做法详见本图集第58页。

| 受拉钢筋锚固长度$l_a$ 受拉钢筋抗震锚固长度$l_{aE}$ | 图集号 | 16G101-3 |
|---|---|---|
| | 页 | 59 |

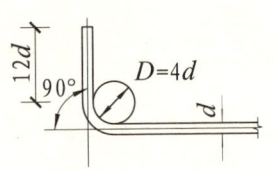 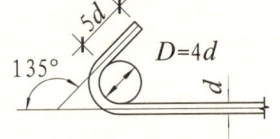 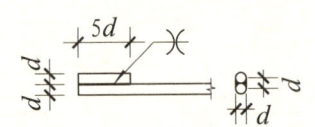

(a)末端带90°弯钩　　(b)末端带135°弯钩　　(c)末端一侧贴焊锚筋

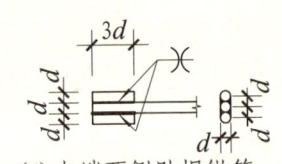 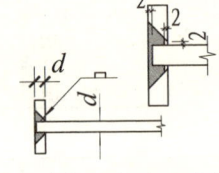 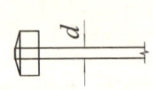

(d)末端两侧贴焊锚筋　(e)末端与钢板穿孔塞焊　(f)末端带螺栓锚头

### 纵向钢筋弯钩与机械锚固形式

注：1.当纵向受拉普通钢筋末端采用弯钩或机械锚固措施时，包括弯钩或锚固端头在内的锚固长度（投影长度）可取为基本锚固长度的60%。
2.焊缝和螺纹长度应满足承载力的要求；螺栓锚头的规格应符合相关标准的要求。
3.螺栓锚头和焊接锚板的承压面积不应小于锚固钢筋截面积的4倍。
4.螺栓锚头和焊接锚板的钢筋净间距不宜小于4d，否则应考虑群锚效应的不利影响。
5.截面角部的弯钩和一侧贴焊锚筋的布筋方向宜向截面内侧偏置。
6.受压钢筋不应采用末端弯钩和一侧贴焊的锚固形式。

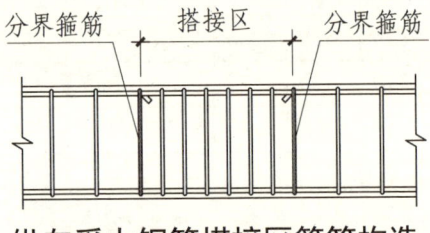

### 纵向受力钢筋搭接区箍筋构造

注：1.本图用于梁、柱类构件搭接区箍筋设置。
2.搭接区内箍筋直径不小于$d/4$（$d$为搭接钢筋最大直径），间距不应大于100及$5d$（$d$为搭接钢筋最小直径）。
3.当受压钢筋直径大于25时，尚应在搭接接头两个端面外100的范围内各设置两道箍筋。

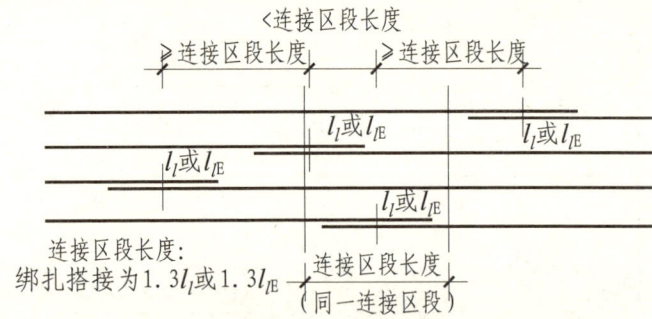

连接区段长度：
绑扎搭接为$1.3l_l$或$1.3l_{lE}$

### 同一连接区段内纵向受拉钢筋绑扎搭接接头

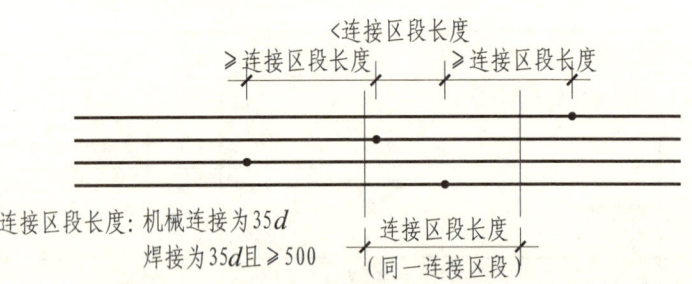

连接区段长度：机械连接为$35d$
焊接为$35d$且$\geq 500$

### 同一连接区段内纵向受拉钢筋机械连接、焊接接头

注：1.$d$为相互连接两根钢筋中较小直径；当同一构件内不同连接钢筋计算连接区段长度不同时取大值。
2.凡接头中点位于连接区段长度内，连接接头均属同一连接区段。
3.同一连接区段内纵向钢筋搭接接头面积百分率，为该区段内有连接接头的纵向受力钢筋截面面积与全部纵向钢筋截面面积的比值（当直径相同时，图示钢筋连接接头面积百分率为50%）。
4.当受拉钢筋直径>25及受压钢筋直径>28时，不宜采用绑扎搭接。
5.轴心受拉及小偏心受拉构件中纵向受力钢筋不应采用绑扎搭接。
6.纵向受力钢筋连接位置宜避开梁端、柱端箍筋加密区。如必须在此连接时，应采用机械连接或焊接。
7.机械连接和焊接接头的类型及质量应符合国家现行有关标准的规定。

## 纵向受拉钢筋搭接长度 $l_l$

| 钢筋种类及同一区段内搭接钢筋面积百分率 | | 混凝土强度等级 | | | | | | | | | | | | | | | |
|---|---|---|---|---|---|---|---|---|---|---|---|---|---|---|---|---|---|
| | | C20 | C25 | | C30 | | C35 | | C40 | | C45 | | C50 | | C55 | | C60 |
| | | $d \leqslant 25$ | $d \leqslant 25$ | $d > 25$ | $d \leqslant 25$ | $d > 25$ | $d \leqslant 25$ | $d > 25$ | $d \leqslant 25$ | $d > 25$ | $d \leqslant 25$ | $d > 25$ | $d \leqslant 25$ | $d > 25$ | $d \leqslant 25$ | $d > 25$ | $d \leqslant 25$ | $d > 25$ |
| HPB300 | ≤25% | 47d | 41d | — | 36d | — | 34d | — | 30d | — | 29d | — | 28d | — | 26d | — | 25d | — |
| | 50% | 55d | 48d | — | 42d | — | 39d | — | 35d | — | 34d | — | 32d | — | 31d | — | 29d | — |
| | 100% | 62d | 54d | — | 48d | — | 45d | — | 40d | — | 38d | — | 37d | — | 35d | — | 34d | — |
| HRB335 | ≤25% | 46d | 40d | — | 35d | — | 32d | — | 30d | — | 28d | — | 26d | — | 25d | — | 25d | — |
| | 50% | 53d | 46d | — | 41d | — | 38d | — | 35d | — | 32d | — | 31d | — | 29d | — | 29d | — |
| | 100% | 61d | 53d | — | 46d | — | 43d | — | 40d | — | 37d | — | 35d | — | 34d | — | 34d | — |
| HRB400 HRBF400 RRB400 | ≤25% | — | 48d | 53d | 42d | 47d | 38d | 42d | 35d | 38d | 34d | 37d | 32d | 36d | 31d | 35d | 30d | 34d |
| | 50% | — | 56d | 62d | 49d | 55d | 45d | 49d | 41d | 45d | 39d | 43d | 38d | 42d | 36d | 41d | 35d | 39d |
| | 100% | — | 64d | 70d | 56d | 62d | 51d | 56d | 46d | 51d | 45d | 50d | 43d | 48d | 42d | 46d | 40d | 45d |
| HRB500 HRBF500 | ≤25% | — | 58d | 64d | 52d | 56d | 47d | 52d | 43d | 48d | 41d | 44d | 38d | 42d | 37d | 41d | 36d | 40d |
| | 50% | — | 67d | 74d | 60d | 66d | 55d | 60d | 50d | 56d | 48d | 52d | 45d | 49d | 43d | 48d | 42d | 46d |
| | 100% | — | 77d | 85d | 69d | 75d | 62d | 69d | 58d | 64d | 54d | 59d | 51d | 56d | 50d | 54d | 48d | 53d |

注：1. 表中数值为纵向受拉钢筋绑扎搭接接头的搭接长度。
    2. 两根不同直径钢筋搭接时，表中 $d$ 取较细钢筋直径。
    3. 当为环氧树脂涂层带肋钢筋时，表中数据尚应乘以1.25。
    4. 当纵向受拉钢筋在施工过程中易受扰动时，表中数据尚应乘以1.1。
    5. 当搭接长度范围内纵向受力钢筋周边保护层厚度为3d、5d（d为搭接钢筋的直径）时，表中数据尚可分别乘以0.8、0.7；中间时按内插值。
    6. 当上述修正系数（注3～注5）多于一项时，可按连乘计算。
    7. 当位于同一连接区段内的钢筋搭接接头面积百分率为表中数据中间值时，搭接长度可按内插取值。
    8. 任何情况下，搭接长度不应小于300。
    9. HPB300级钢筋末端应做180°弯钩，做法详见本图集第58页。

**纵向受拉钢筋搭接长度 $l_l$**

## 纵向受拉钢筋抗震搭接长度 $l_{lE}$

| 钢筋种类及同一区段内搭接钢筋面积百分率 | | | 混凝土强度等级 | | | | | | | | | | | | | | | | |
|---|---|---|---|---|---|---|---|---|---|---|---|---|---|---|---|---|---|---|---|
| | | | C20 | C25 | | C30 | | C35 | | C40 | | C45 | | C50 | | C55 | | C60 | |
| | | | $d \leq 25$ | $d \leq 25$ | $d > 25$ | $d \leq 25$ | $d > 25$ | $d \leq 25$ | $d > 25$ | $d \leq 25$ | $d > 25$ | $d \leq 25$ | $d > 25$ | $d \leq 25$ | $d > 25$ | $d \leq 25$ | $d > 25$ | $d \leq 25$ | $d > 25$ |
| 一、二级抗震等级 | HPB300 | ≤25% | 54d | 47d | — | 42d | — | 38d | — | 35d | — | 34d | — | 31d | — | 30d | — | 29d | — |
| | | 50% | 63d | 55d | — | 49d | — | 45d | — | 41d | — | 39d | — | 36d | — | 35d | — | 34d | — |
| | HRB335 | ≤25% | 53d | 46d | — | 40d | — | 37d | — | 35d | — | 31d | — | 30d | — | 29d | — | 29d | — |
| | | 50% | 62d | 53d | — | 46d | — | 43d | — | 41d | — | 36d | — | 35d | — | 34d | — | 34d | — |
| | HRB400 HRBF400 | ≤25% | — | 55d | 61d | 48d | 54d | 44d | 48d | 40d | 44d | 38d | 43d | 37d | 42d | 36d | 40d | 35d | 38d |
| | | 50% | — | 64d | 71d | 56d | 63d | 52d | 56d | 46d | 52d | 45d | 50d | 43d | 49d | 42d | 46d | 41d | 45d |
| | HRB500 HRBF500 | ≤25% | — | 66d | 73d | 59d | 65d | 54d | 59d | 49d | 55d | 47d | 52d | 44d | 48d | 43d | 47d | 42d | 46d |
| | | 50% | — | 77d | 85d | 69d | 76d | 63d | 69d | 57d | 64d | 55d | 60d | 52d | 56d | 50d | 55d | 49d | 53d |
| 三级抗震等级 | HPB300 | ≤25% | 49d | 43d | — | 38d | — | 35d | — | 31d | — | 30d | — | 29d | — | 28d | — | 26d | — |
| | | 50% | 57d | 50d | — | 45d | — | 41d | — | 36d | — | 35d | — | 34d | — | 32d | — | 31d | — |
| | HRB335 | ≤25% | 48d | 42d | — | 36d | — | 34d | — | 31d | — | 29d | — | 28d | — | 26d | — | 26d | — |
| | | 50% | 56d | 49d | — | 42d | — | 39d | — | 36d | — | 34d | — | 32d | — | 31d | — | 31d | — |
| | HRB400 HRBF400 | ≤25% | — | 50d | 55d | 44d | 49d | 41d | 44d | 36d | 41d | 35d | 40d | 34d | 38d | 32d | 36d | 31d | 35d |
| | | 50% | — | 59d | 64d | 52d | 57d | 48d | 52d | 42d | 48d | 41d | 46d | 39d | 42d | 38d | 42d | 36d | 41d |
| | HRB500 HRBF500 | ≤25% | — | 60d | 67d | 54d | 59d | 49d | 54d | 46d | 50d | 43d | 47d | 41d | 44d | 40d | 43d | 38d | 42d |
| | | 50% | — | 70d | 78d | 63d | 69d | 57d | 63d | 53d | 59d | 50d | 55d | 48d | 52d | 46d | 50d | 45d | 49d |

注：1. 表中数值为纵向受拉钢筋绑扎搭接接头的搭接长度。
2. 两根不同直径钢筋搭接时，表中d取较细钢筋直径。
3. 当为环氧树脂涂层带肋钢筋时，表中数据尚应乘以1.25。
4. 当纵向受拉钢筋在施工过程中易受扰动时，表中数据尚应乘以1.1。
5. 当搭接长度范围内纵向受力钢筋周边保护层厚度为3d、5d（d为搭接钢筋的直径）时，表中数据尚可分别乘以0.8、0.7；中间时按内插值。
6. 当上述修正系数（注3～注5）多于一项时，可按连乘计算。
7. 当位于同一连接区段内的钢筋搭接接头面积百分率为100%时，$l_{lE}=1.6l_{aE}$。
8. 当位于同一连接区段内的钢筋搭接接头面积百分率为表中数据中间值时，搭接长度可按内插取值。
9. 任何情况下，搭接长度不应小于300。
10. 四级抗震等级时，$l_{lE}=l_l$。详见本图集第61页。
11. HPB300级钢筋末端应做180°弯钩，做法详见本图集第58页。

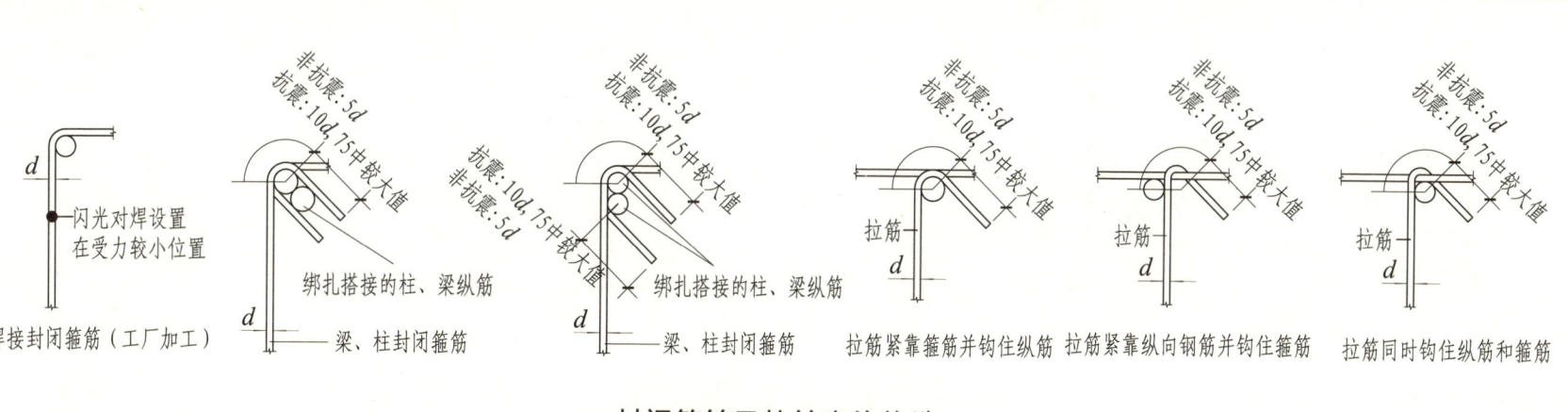

## 封闭箍筋及拉筋弯钩构造
(非抗震设计时，当基础构件受扭时，箍筋及拉筋弯钩平直段长度应为10d)

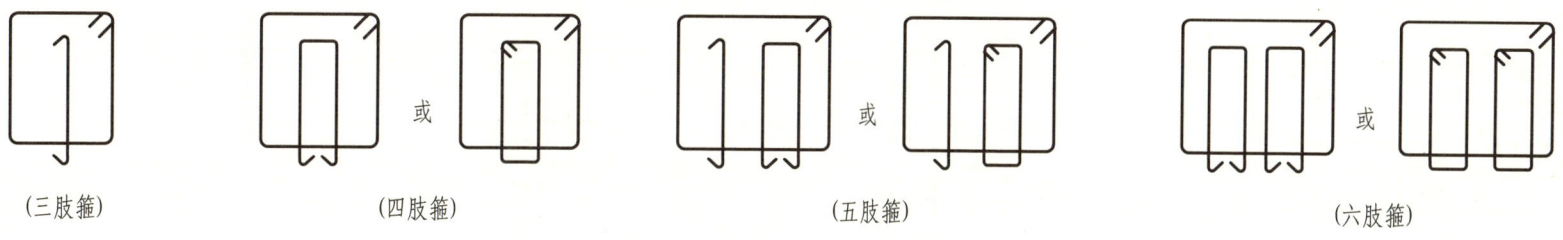

(三肢箍)　　(四肢箍)　　(五肢箍)　　(六肢箍)

## 基础梁箍筋复合方式
(封闭箍筋可采用焊接封闭箍筋形式)

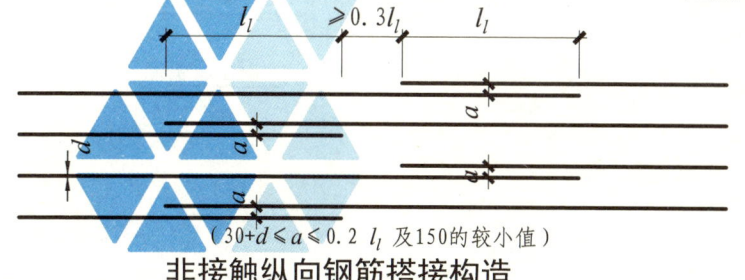

($30+d \leqslant a \leqslant 0.2 l_l$ 及150的较小值)

### 非接触纵向钢筋搭接构造
(非接触搭接可用于条形基础底板、梁板式筏形基础平板中纵向钢筋的连接)

注：
1. 本图中拉筋弯钩构造做法采用何种形式由设计指定。
2. 基础梁截面纵筋外围应采用封闭箍筋，当为多肢复合箍筋时，其截面内箍可采用开口箍或封闭箍。封闭箍的弯钩可在四角的任何部位，开口箍的弯钩宜设在基础底板内。
3. 当多于6肢箍时，偶数肢增加小开口箍或小套箍，奇数肢加一单肢箍。

| 箍筋及拉筋弯钩构造　基础梁箍筋复合方式 非接触纵向钢筋搭接构造 | 图集号 | 16G101-3 |
|---|---|---|
| | 页 | 63 |

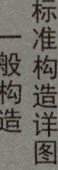

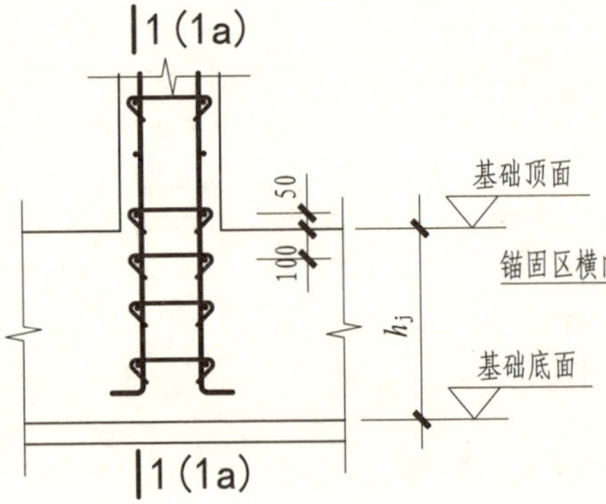

## 墙身竖向分布钢筋在基础中构造

（a）保护层厚度＞5d  
（b）保护层厚度≤5d  
（c）搭接连接

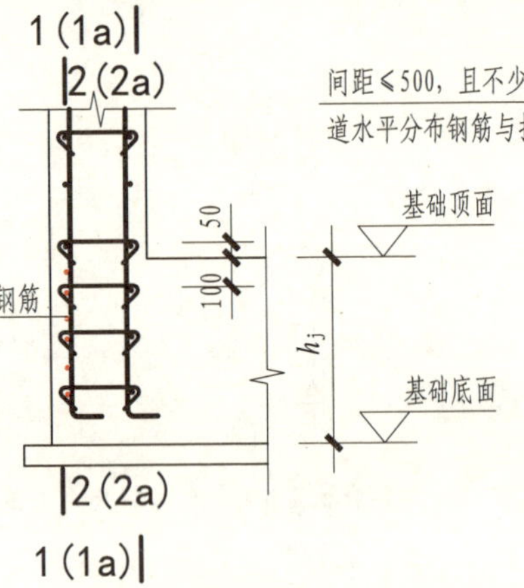

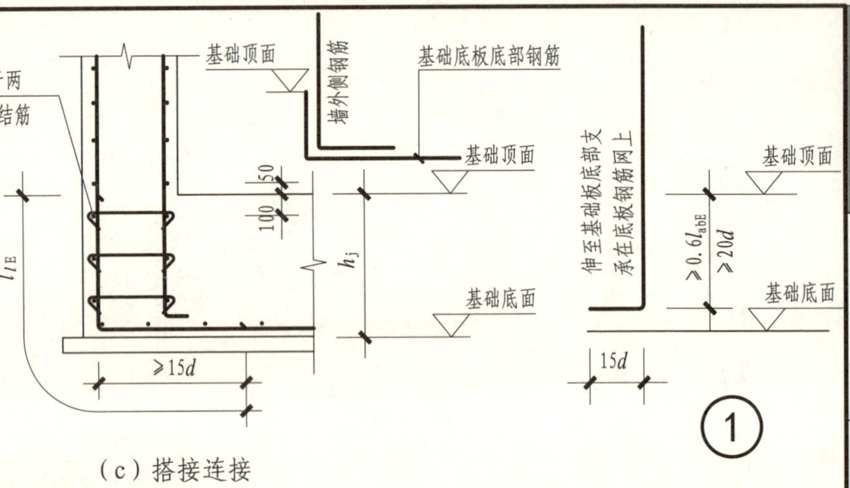

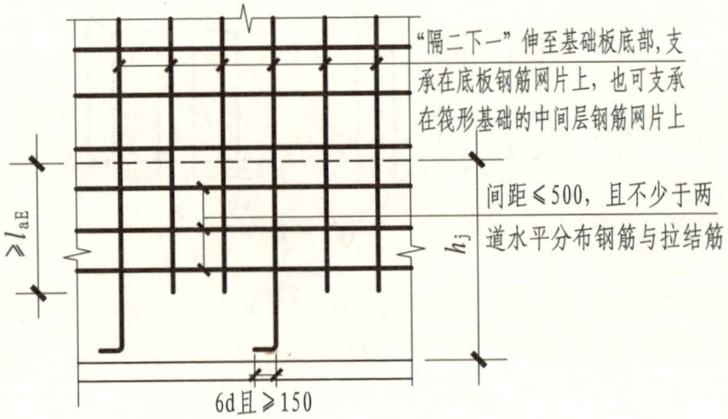

1-1 基础高度满足直锚  
1a-1a 基础高度不满足直锚 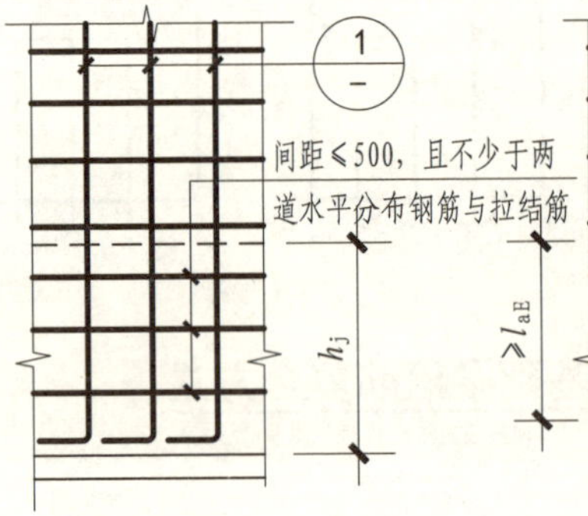  
2-2 基础高度满足直锚 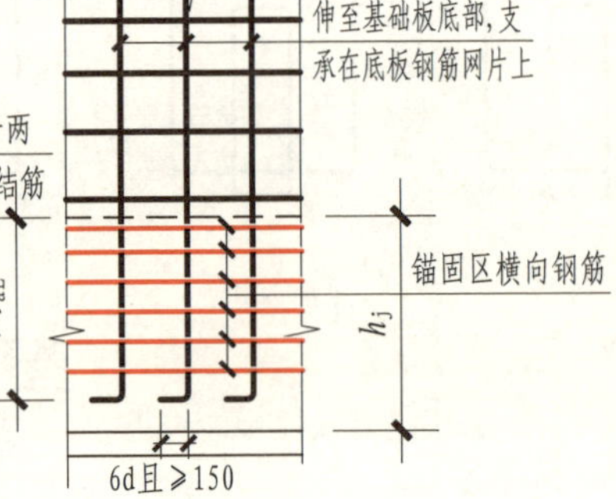  
2a-2a 基础高度不满足直锚 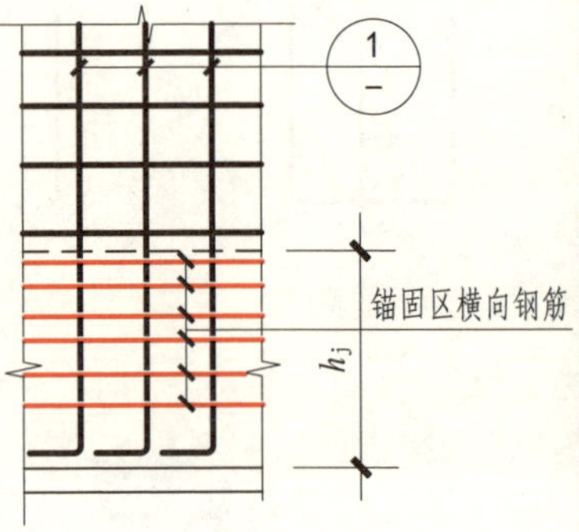

注：1. 图中 $h_j$ 为基础底面至基础顶面的高度，墙下有基础梁时，$h_j$ 为梁底面至顶面的高度。
2. 锚固区横向钢筋应满足直径≥d/4（d为纵筋最大直径），间距≤10d（d为纵筋最小直径）且≤100的要求。
3. 当墙身竖向分布钢筋在基础中保护层厚度不一致（如分布筋部分位于梁中，部分位于板内），保护层厚度不大于5d的部分应设置锚固区横向钢筋。
4. 当选用"墙身竖向分布钢筋在基础中构造"中图（c）搭接连接时，设计人员应在图纸中注明。
5. 图中d为墙身竖向分布钢筋直径。
6. 1-1剖面，当施工采取有效措施保证钢筋定位时，墙身竖向分布钢筋伸入基础长度满足直锚即可。

**墙身竖向分布钢筋在基础中构造**

图集号 16G101-3  
页 64

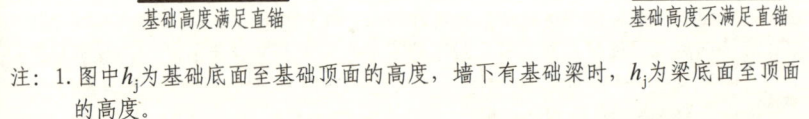

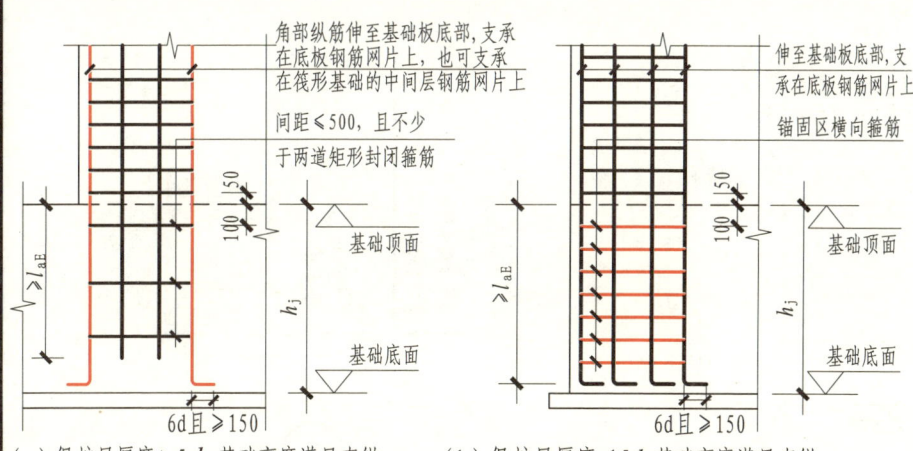

(a) 保护层厚度＞5d; 基础高度满足直锚

(b) 保护层厚度≤5d; 基础高度满足直锚

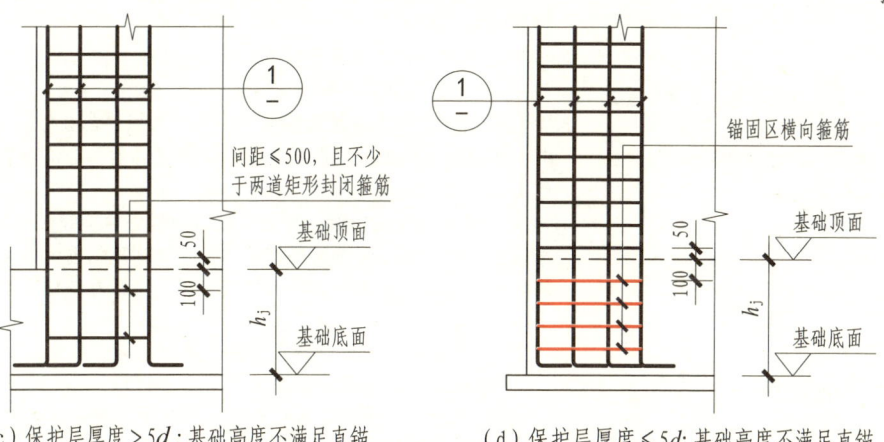

(c) 保护层厚度＞5d; 基础高度不满足直锚

(d) 保护层厚度≤5d; 基础高度不满足直锚

**边缘构件纵向钢筋在基础中构造**

(角部纵筋的含义详见本页"边缘构件角部纵筋"图,墙体分布钢筋未示意)

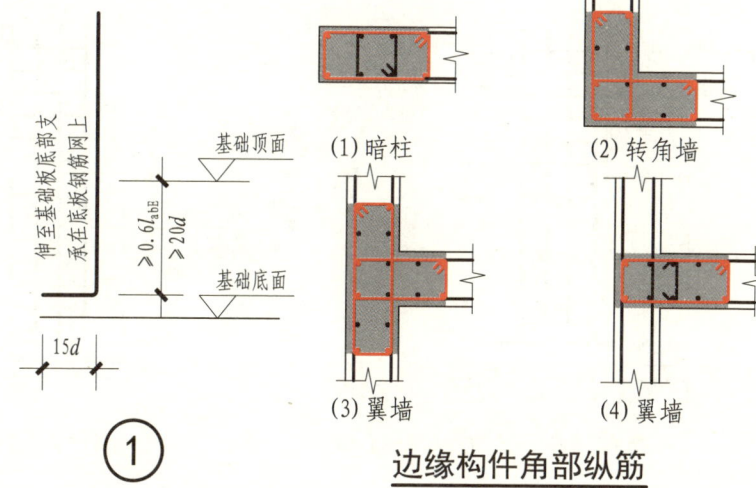

(1) 暗柱　　(2) 转角墙

(3) 翼墙　　(4) 翼墙

**边缘构件角部纵筋**

注：1. 图中 $h_j$ 为基础底面至基础顶面的高度,墙下有基础梁时,$h_j$ 为梁底面至顶面的高度。
2. 锚固区横向钢筋应满足直径≥$d/4$（$d$ 为纵筋最大直径）,间距≤$10d$（$d$ 为纵筋最小直径）且≤100的要求。
3. 当边缘构件纵筋在基础中保护层厚度不一致（如纵筋部分位于梁中,部分位于板内）,保护层厚度不大于$5d$的部分应设置锚固区横向钢筋。
4. 图中 $d$ 为边缘构件纵筋直径。
5. 当边缘构件（包括端柱）一侧纵筋位于基础外边缘（保护层厚度≤$5d$,且基础高度满足直锚）时,边缘构件内所有纵筋均按本图(b)构造；对于端柱锚固区横向钢筋要求应按本图集第66页；其他情况端柱纵筋在基础中构造按本图集第66页。
6. 伸至钢筋网上的边缘构件角部纵筋（不包含端柱）之间间距不应大于500,不满足时应将边缘构件其他纵筋伸至钢筋网上。
7. "边缘构件角部纵筋"图中角部纵筋（不包含端柱）是指边缘构件阴影区角部纵筋,图示为红色点状钢筋,图示红色的箍筋为在基础高度范围内采用的箍筋形式。

| | | 图集号 | 16G101-3 |
|---|---|---|---|
| **边缘构件纵向钢筋在基础中构造** | | 页 | 65 |

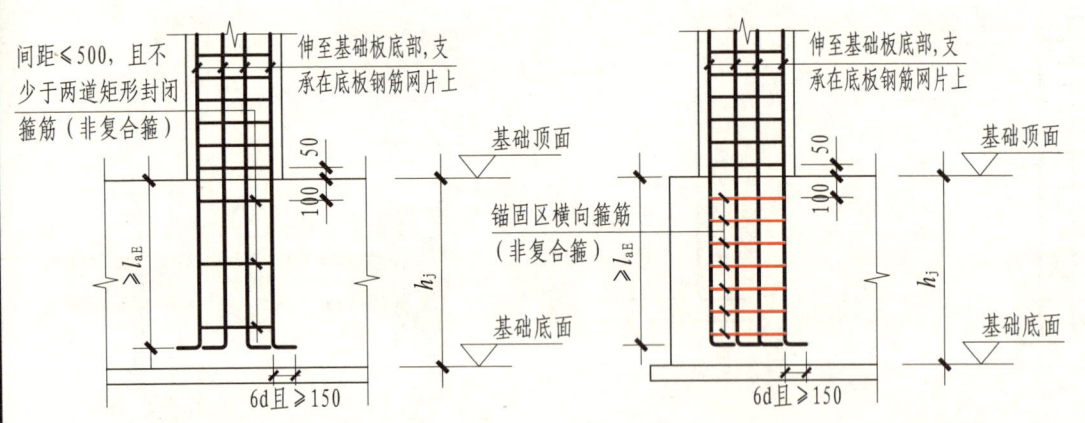
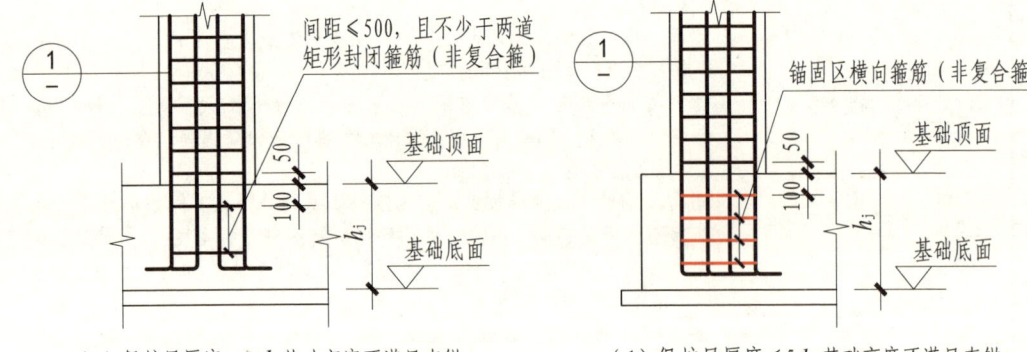
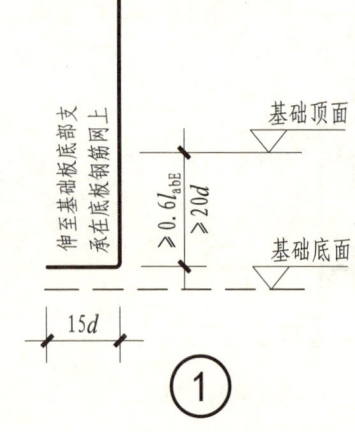

(a) 保护层厚度>5d；基础高度满足直锚

(b) 保护层厚度≤5d；基础高度满足直锚

(c) 保护层厚度>5d；基础高度不满足直锚

(d) 保护层厚度≤5d；基础高度不满足直锚

注：1. 图中 $h_j$ 为基础底面至基础顶面的高度，柱下为基础梁时，$h_j$ 为梁底面至顶面的高度。当柱两侧基础梁标高不同时取较低标高。
2. 锚固区横向箍筋应满足直径≥$d/4$（$d$ 为纵筋最大直径），间距≤$5d$（$d$ 为纵筋最小直径）且≤100的要求。
3. 当柱纵筋在基础中保护层厚度不一致（如纵筋部分位于梁中，部分位于板内），保护层厚度不大于$5d$的部分应设置锚固区横向钢筋。
4. 当符合下列条件之一时，可仅将柱四角纵筋伸至底板钢筋网片上或者筏形基础中间层钢筋网片上（伸至钢筋网片上的柱纵筋间距不应大于1000），其余纵筋锚固在基础顶面下 $l_{aE}$ 即可。
 1）柱为轴心受压或小偏心受压，基础高度或基础顶面至中间层钢筋网片顶面距离不小于1200；
 2）柱为大偏心受压，基础高度或基础顶面至中间层钢筋网片顶面距离不小于1400。
5. 图中 $d$ 为柱纵筋直径。

**柱纵向钢筋在基础中构造**

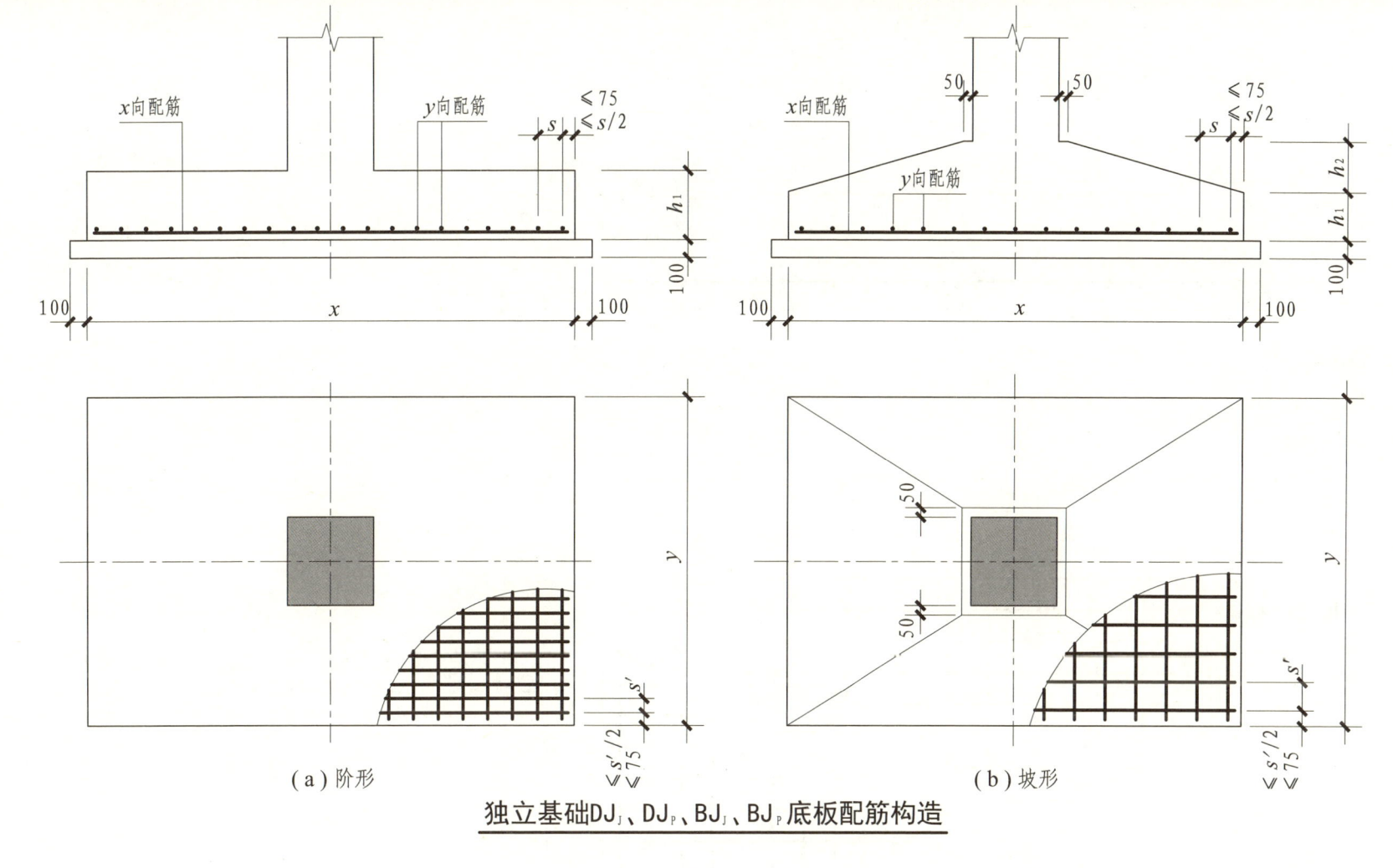

(a)阶形　　　　　　　　　(b)坡形

**独立基础$DJ_J$、$DJ_P$、$BJ_J$、$BJ_P$底板配筋构造**

注：1. 独立基础底板配筋构造适用于普通独立基础和杯口独立基础。
　　2. 几何尺寸和配筋按具体结构设计和本图构造确定。
　　3. 独立基础底板双向交叉钢筋长向设置在下，短向设置在上。

独立基础$DJ_J$、$DJ_P$、$BJ_J$、$BJ_P$底板配筋构造

图集号 16G101-3
页 67

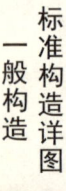

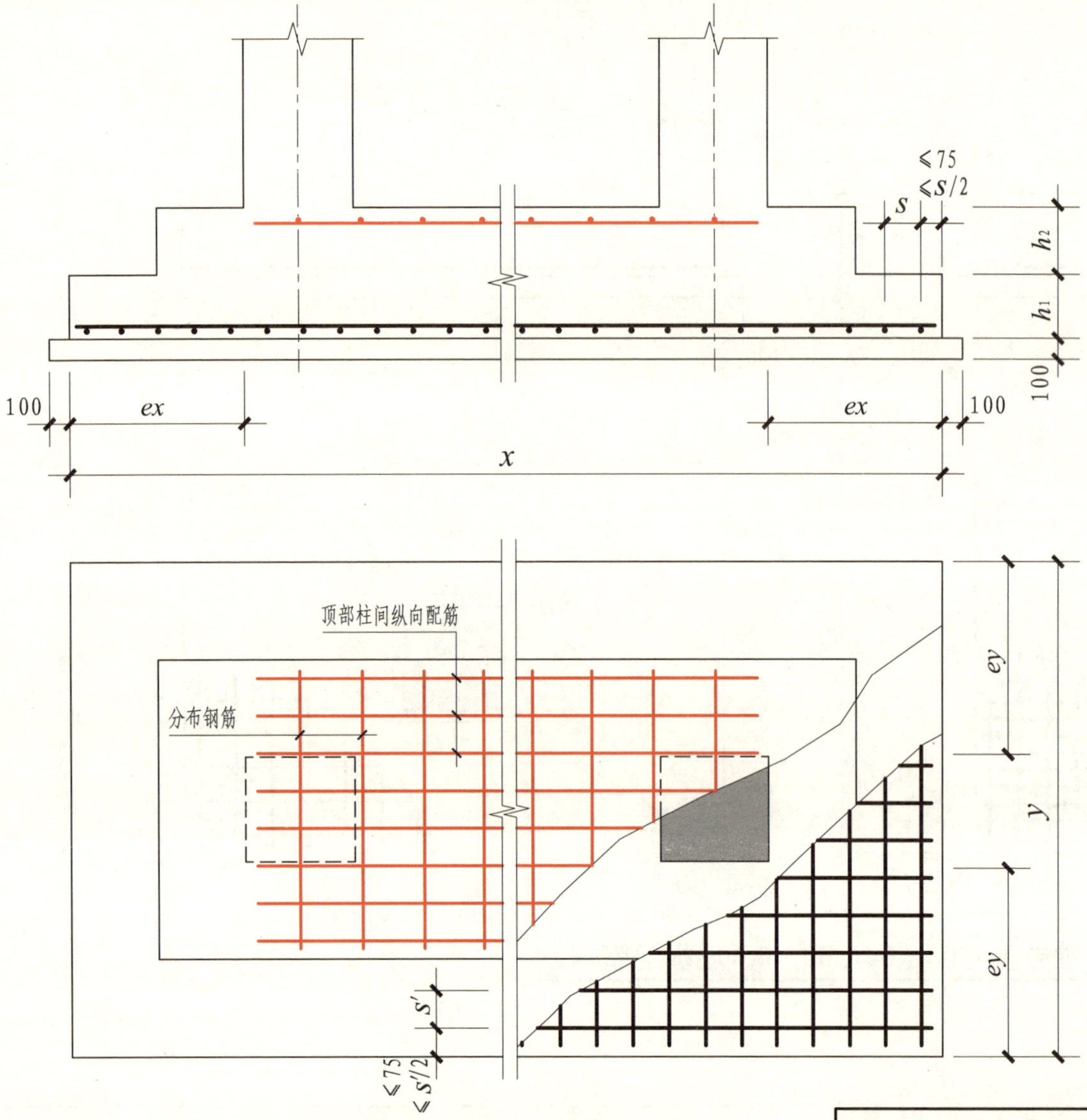

注：
1. 双柱普通独立基础底板的截面形状，可为阶形截面$DJ_J$或坡形截面$DJ_P$。
2. 几何尺寸和配筋按具体结构设计和本图构造确定。
3. 双柱普通独立基础底部双向交叉钢筋，根据基础两个方向从柱外缘至基础外缘的伸出长度$ex$和$ey$的大小，较大者方向的钢筋设置在下，较小者方向的钢筋设置在上。

双柱普通独立基础配筋构造

## 双柱普通独立基础底部与顶部配筋构造

图集号 16G101-3

页 68

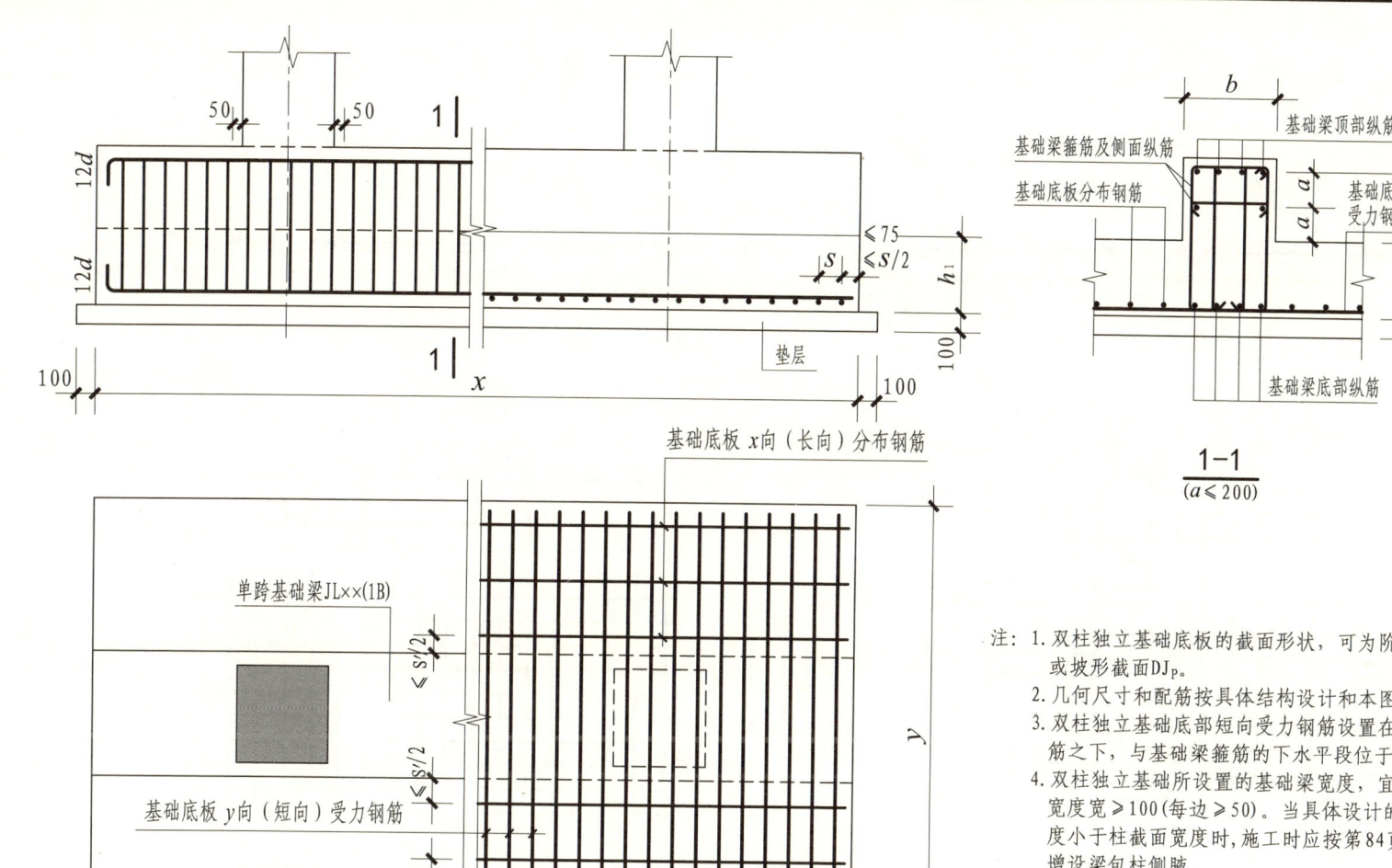

设置基础梁的双柱普通独立基础配筋构造

注：1. 双柱独立基础底板的截面形状，可为阶形截面$DJ_J$或坡形截面$DJ_P$。
2. 几何尺寸和配筋按具体结构设计和本图构造确定。
3. 双柱独立基础底部短向受力钢筋设置在基础梁纵筋之下，与基础梁箍筋的下水平段位于同一层面。
4. 双柱独立基础所设置的基础梁宽度，宜比柱截面宽度宽≥100（每边≥50）。当具体设计的基础梁宽度小于柱截面宽度时，施工时应按第84页构造规定增设梁包柱侧腋。

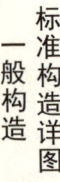

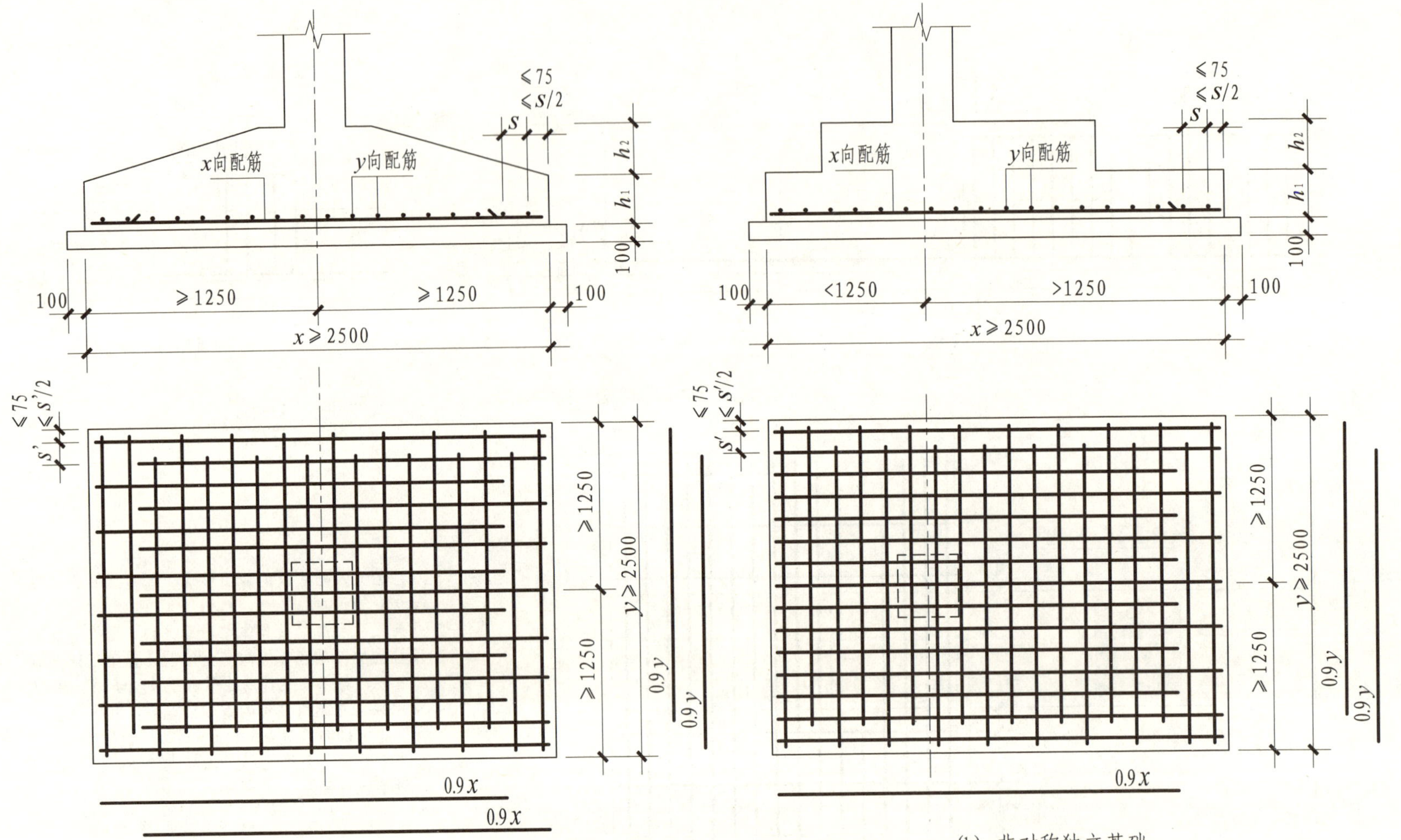

(a) 对称独立基础

(b) 非对称独立基础

## 独立基础底板配筋长度减短10%构造

注：1. 当独立基础底板长度≥2500时，除外侧钢筋外，底板配筋长度可取相应方向底板长度的0.9倍，交错放置。

2. 当非对称独立基础底板长度≥2500，但该基础某侧从柱中心至基础底板边缘的距离<1250时，钢筋在该侧不应减短。

| 独立基础底板配筋长度减短10%构造 | | | | | | | 图集号 | 16G101-3 |
|---|---|---|---|---|---|---|---|---|
| 审核 | 黄志刚 | 校对 | 陈 彬 | | 设计 | 余绪尧 | 页 | 70 |

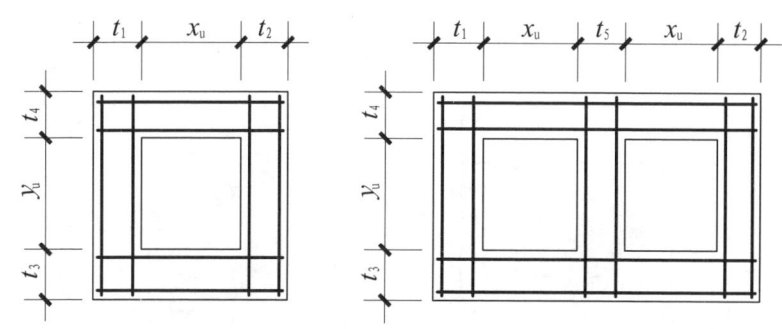

注：
1. 杯口独立基础底板的截面形状可为阶形截面$BJ_J$或坡形截面$BJ_P$。当为坡形截面且坡度较大时，应在坡面上安装顶部模板，以确保混凝土能够浇筑成型、振捣密实。
2. 几何尺寸和配筋按具体结构设计和本图构造确定。
3. 基础底板底部钢筋构造，详见本图集第67页、第70页。
4. 当双杯口的中间杯壁宽度$t_5<400$时，中间杯壁中配置的构造钢筋按本图所示施工。

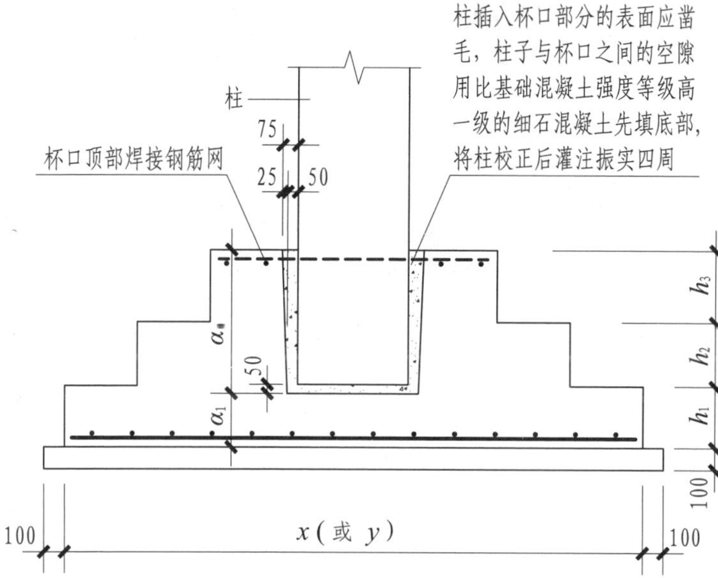

### 杯口顶部焊接钢筋网

柱插入杯口部分的表面应凿毛，柱子与杯口之间的空隙用比基础混凝土强度等级高一级的细石混凝土先填底部，将柱校正后灌注振实四周

杯口独立基础构造

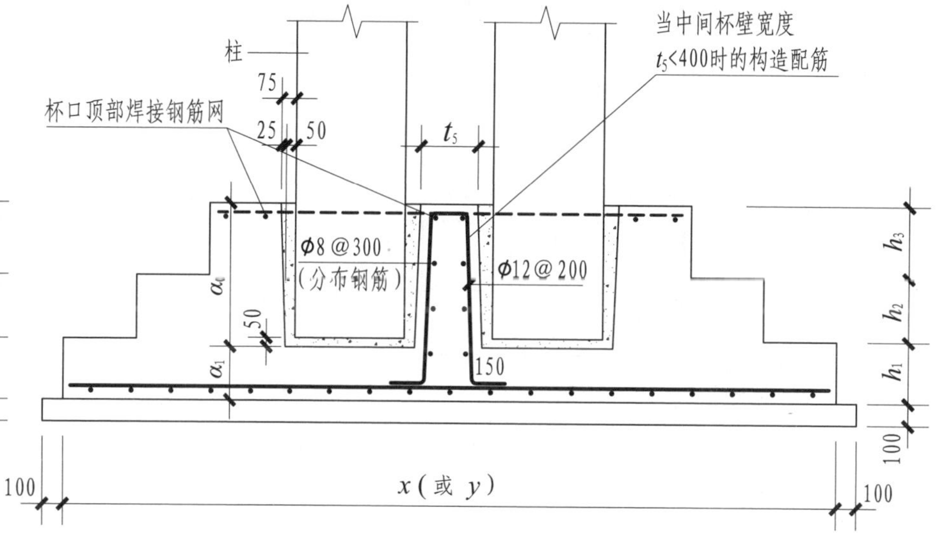

双杯口独立基础构造

## 杯口和双杯口独立基础构造

图集号 16G101-3

页 71

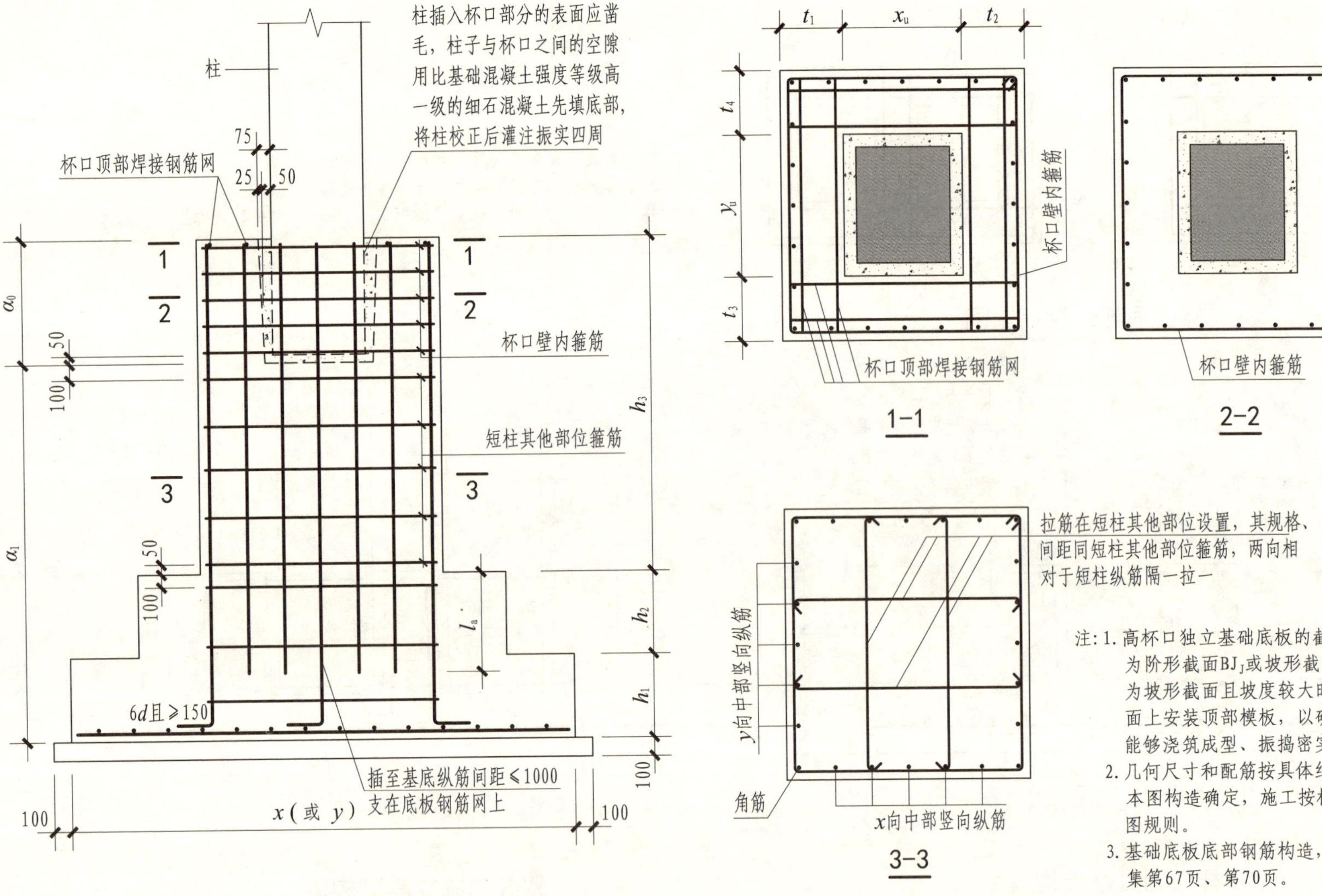

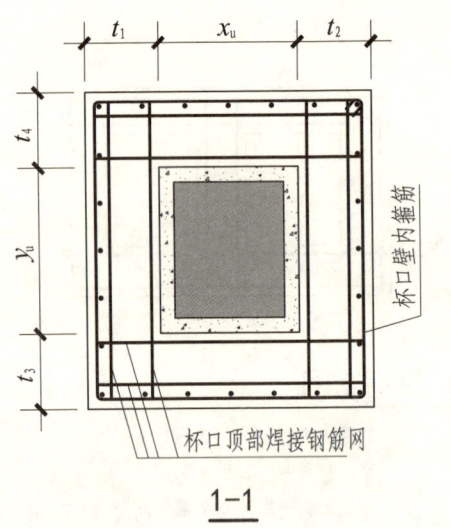

1-1

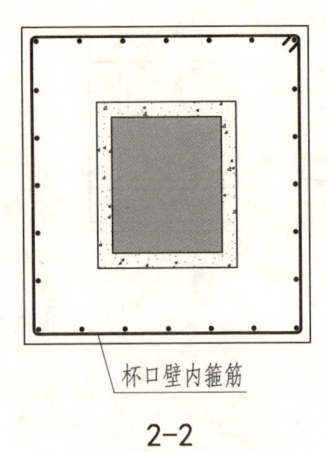

2-2

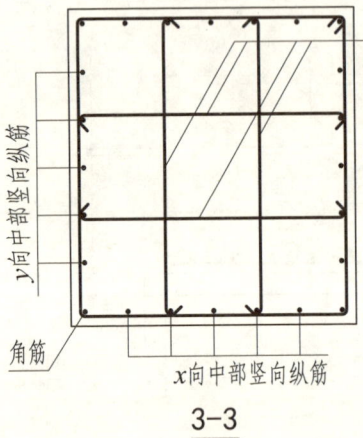

3-3

柱插入杯口部分的表面应凿毛，柱子与杯口之间的空隙用比基础混凝土强度等级高一级的细石混凝土先填底部，将柱校正后灌注振实四周

高杯口独立基础配筋构造

注：1. 高杯口独立基础底板的截面形状可为阶形截面$BJ_J$或坡形截面$BJ_P$。当为坡形截面且坡度较大时，应在坡面上安装顶部模板，以确保混凝土能够浇筑成型、振捣密实。
2. 几何尺寸和配筋按具体结构设计和本图构造确定，施工按相应平法制图规则。
3. 基础底板底部钢筋构造，详见本图集第67页、第70页。

## 高杯口独立基础配筋构造

图集号 16G101-3

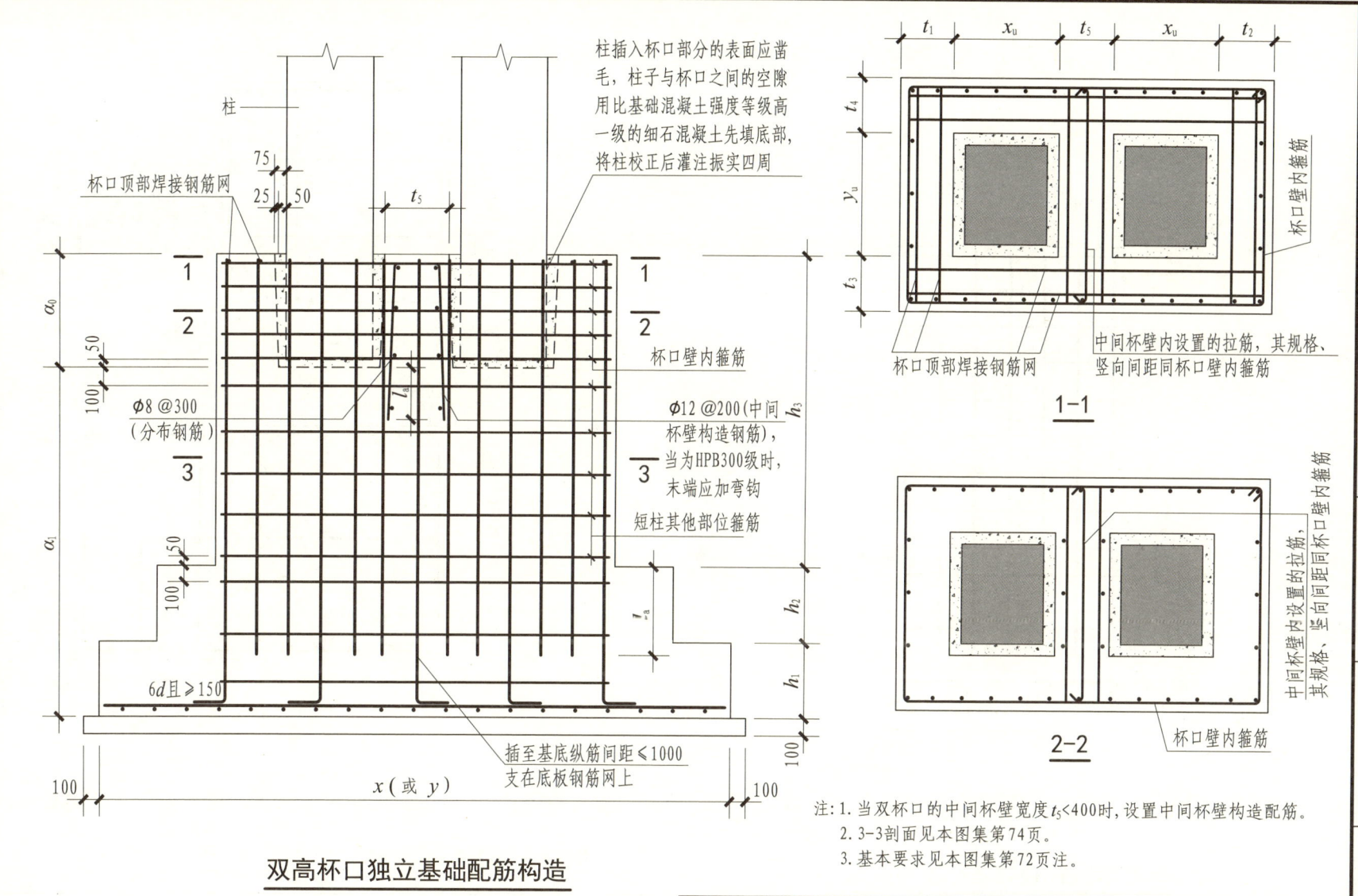

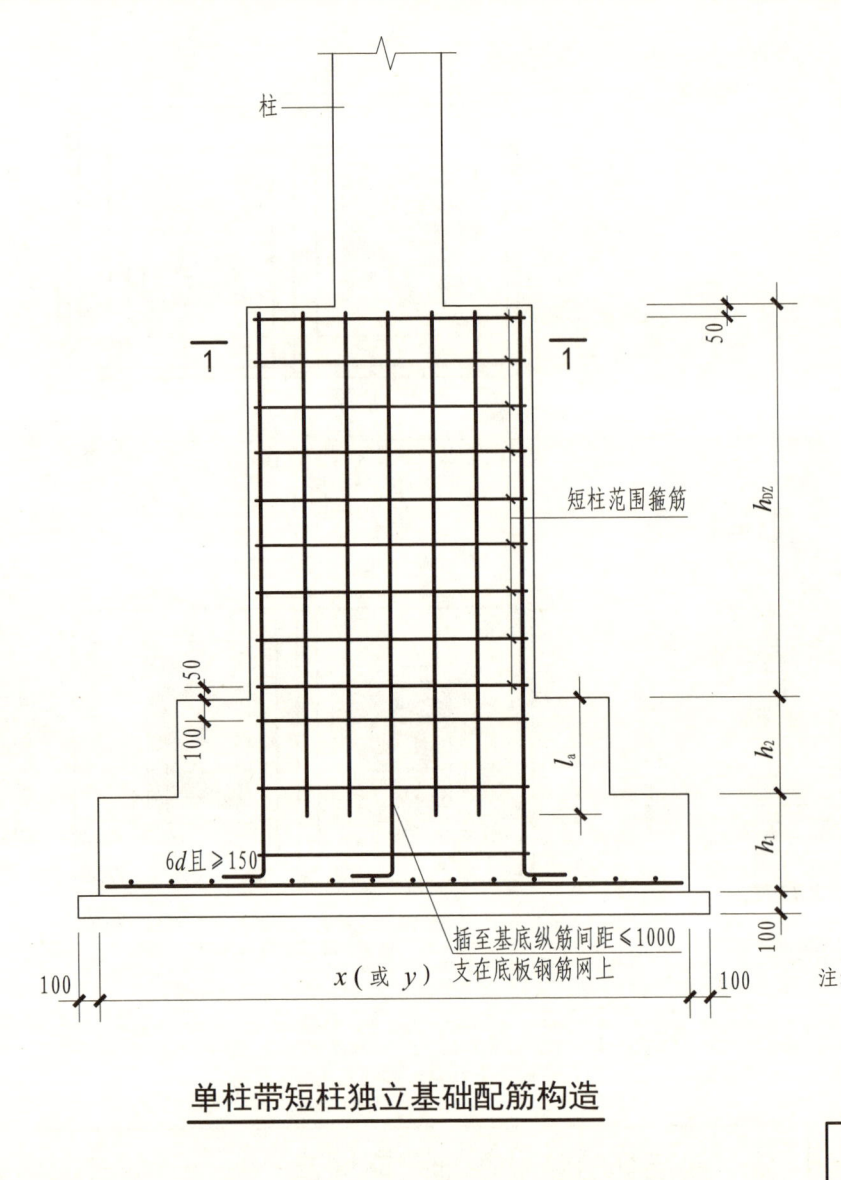

单柱带短柱独立基础配筋构造

注：1. 带短柱独立基础底板的截面形式可为阶形截面$BJ_J$或坡形截面$BJ_P$。当为坡形截面且坡度较大时，应在坡面上安装顶部模板，以确保混凝土能够浇筑成型、振捣密实。
2. 几何尺寸和配筋按具体结构设计和本图构造确定，施工按相应平法制图规则。
3. 带短柱独立基础底板底部钢筋构造，详见本图集第67页、第70页。
4. 3-3剖面为本图集第73页双高杯口独立基础配筋构造的剖面。

单柱带短柱独立基础配筋构造

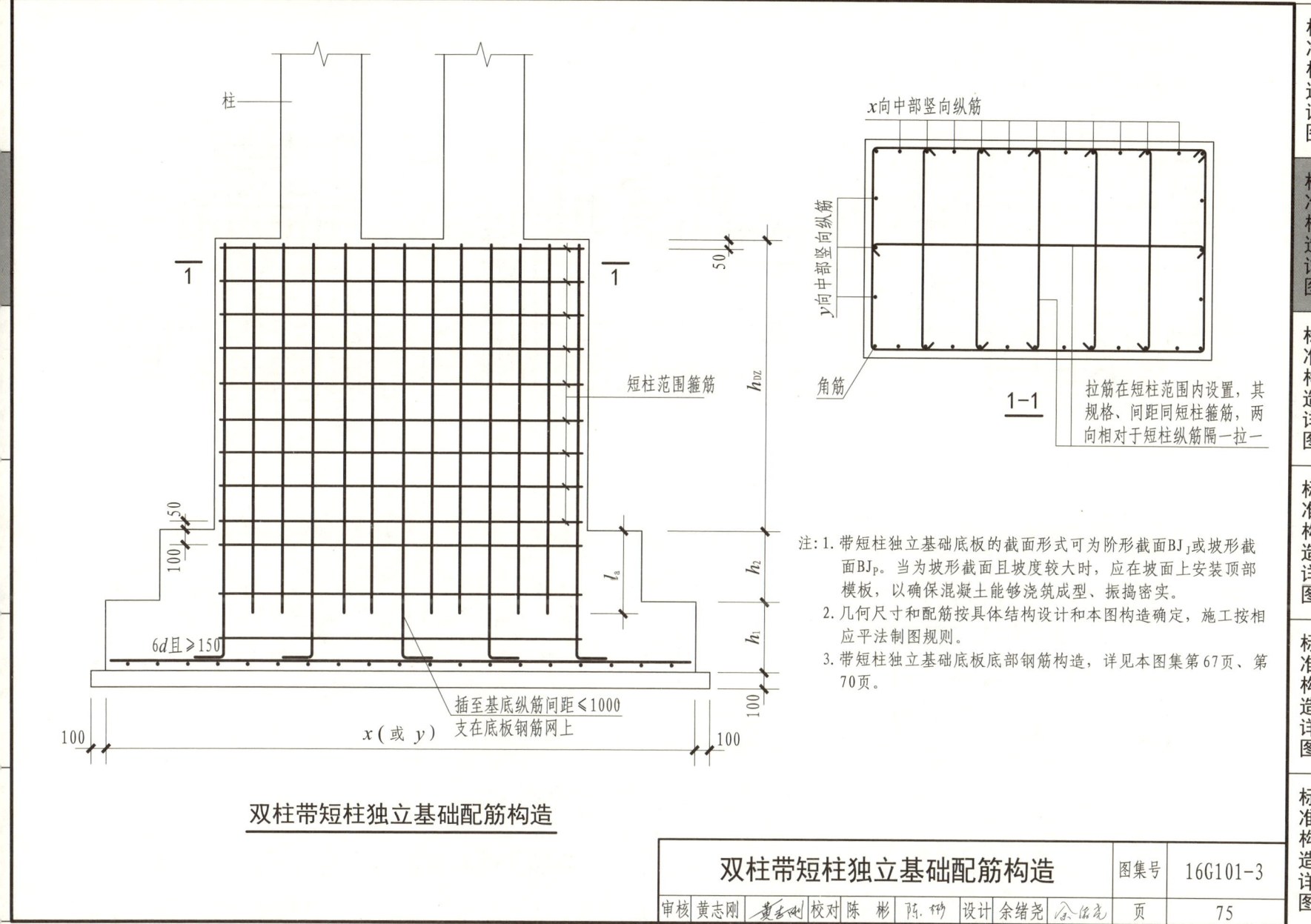

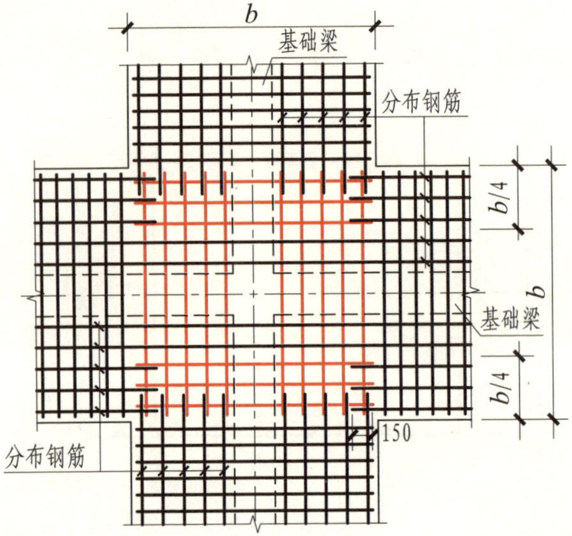

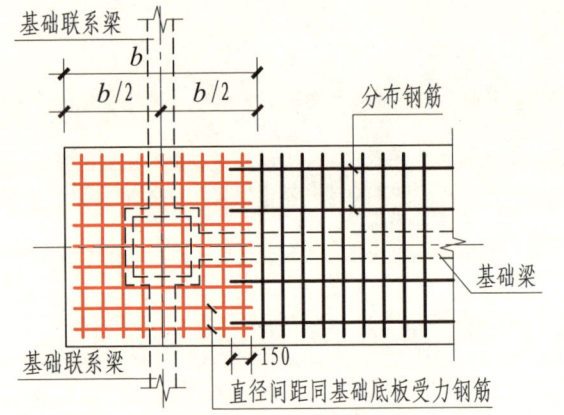

(a) 十字交接基础底板，也可用于转角梁板端部均有纵向延伸

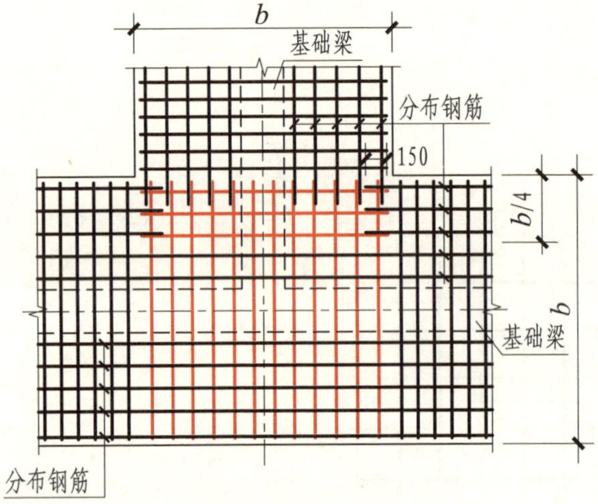

(b) 丁字交接基础底板

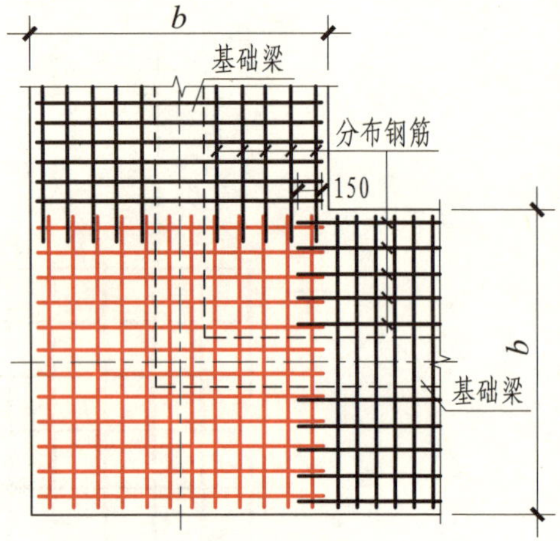

(c) 转角梁板端部无纵向延伸

(d) 条形基础无交接底板端部构造

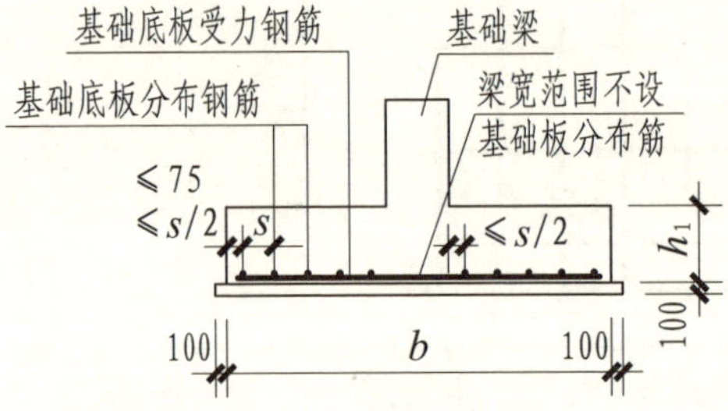

（阶形截面$TJB_J$）

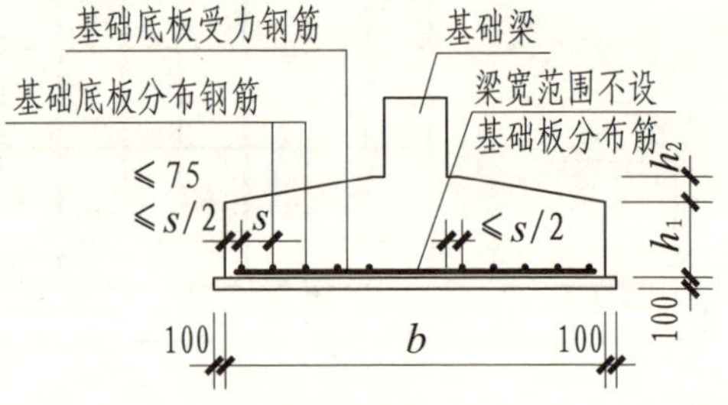

（坡形截面$TJB_P$）

## 条形基础底板配筋构造（一）

注：1. 条形基础底板的分布钢筋在梁宽范围内不设置。
2. 在两向受力钢筋交接处的网状部位，分布钢筋与同向受力钢筋的搭接长度为150。

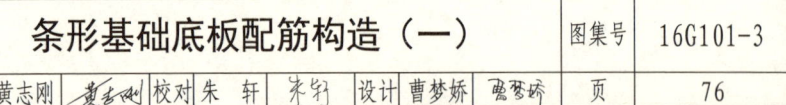

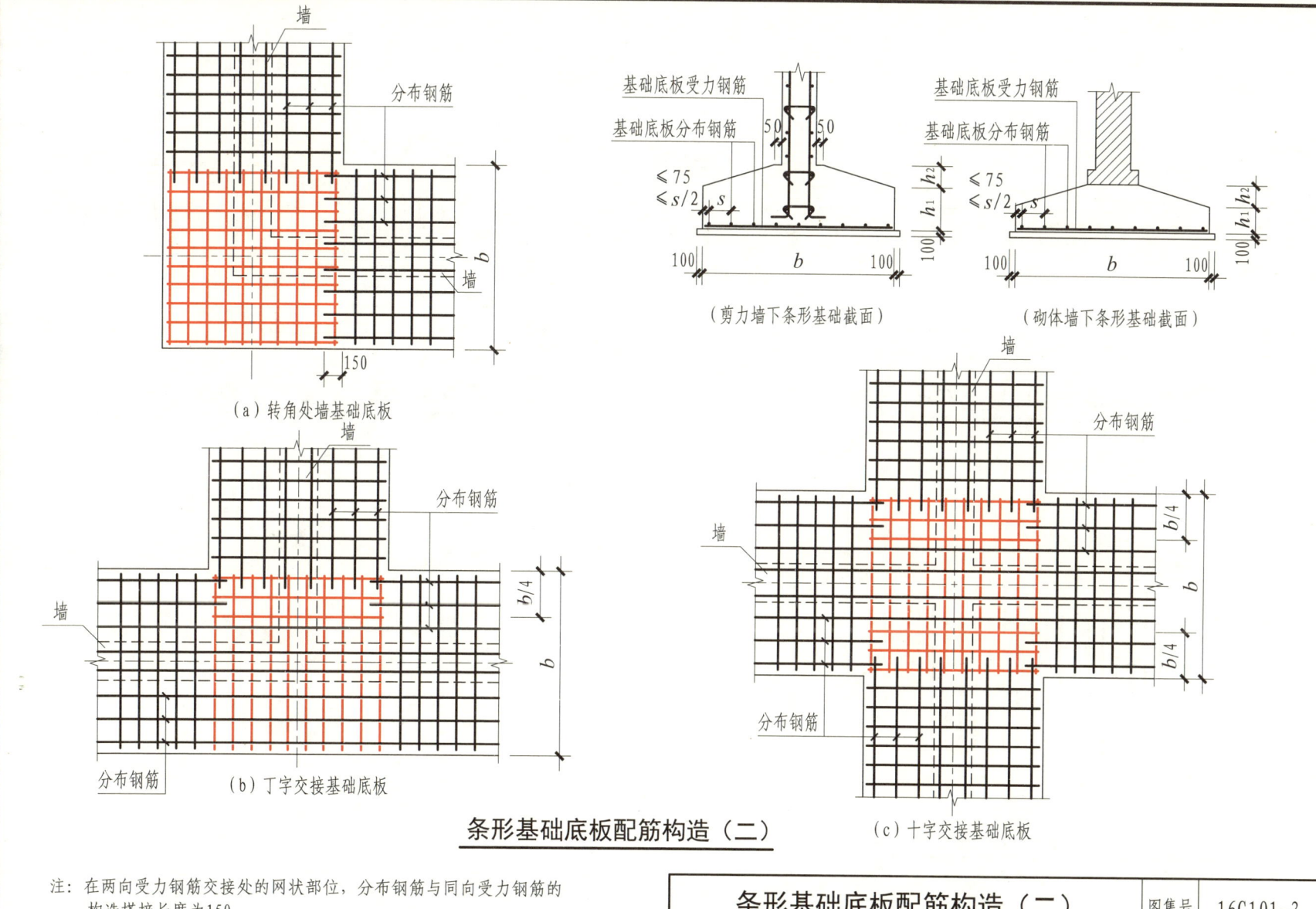

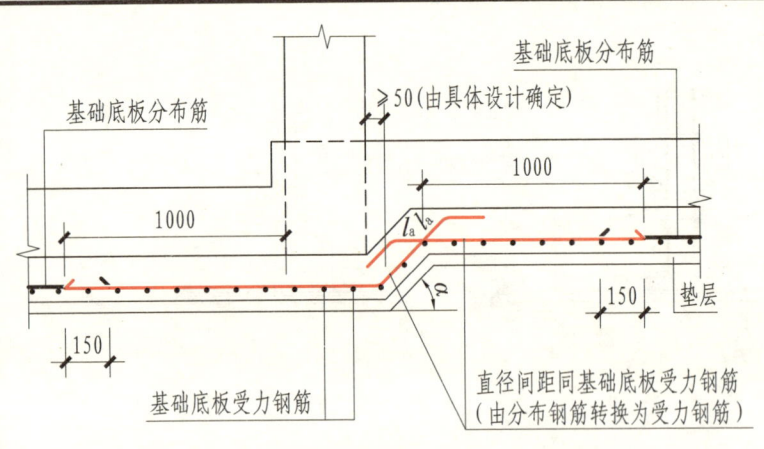

**柱下条形基础底板板底不平构造**
（板底高差坡度 $\alpha$ 取 $45°$ 或按设计）

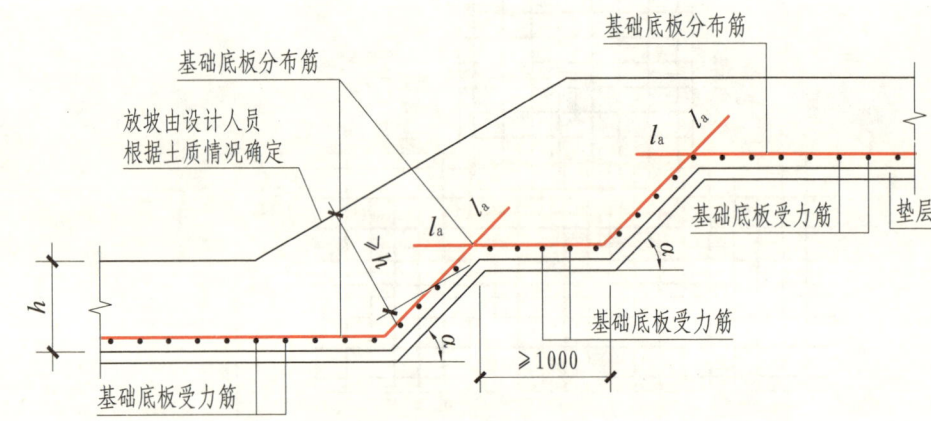

**墙下条形基础底板板底不平构造（一）**

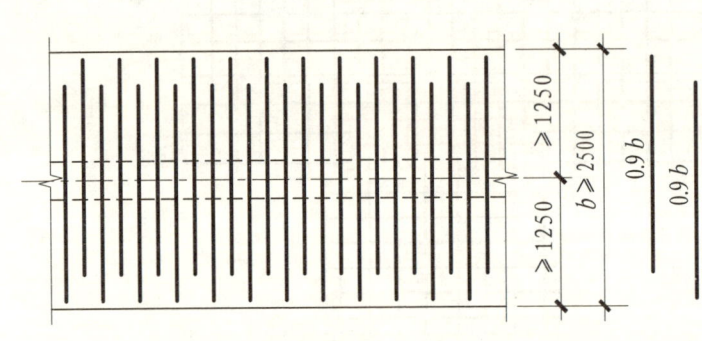

**条形基础底板配筋长度减短10%构造**
（底板交接区的受力钢筋和无交接底板时端部第一根钢筋不应减短）

**墙下条形基础底板板底不平构造（二）**
（板底高差坡度 $\alpha$ 取 $45°$ 或按设计）

| 条形基础板底不平构造 条形基础底板配筋长度减短10%构造 | 图集号 | 16G101-3 |
|---|---|---|
| 审核 黄志刚　校对 朱轩　设计 曹梦娇 | 页 | 78 |

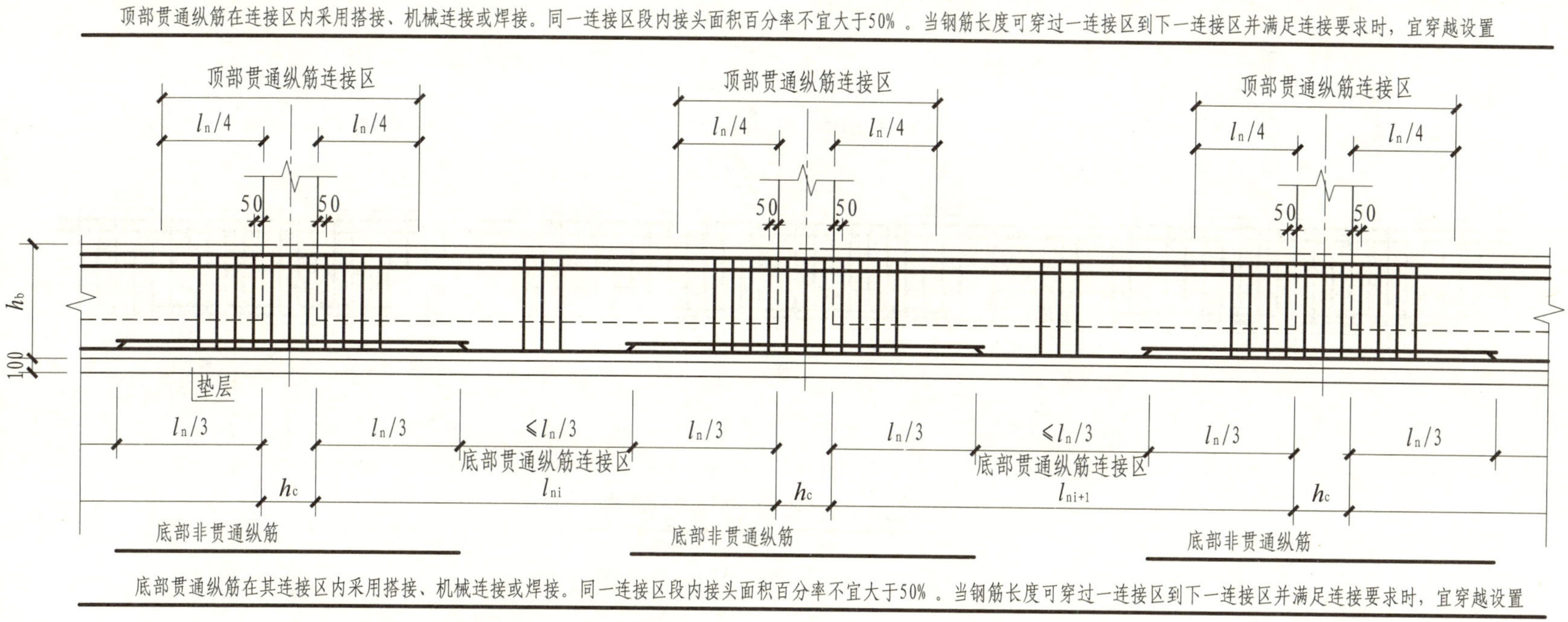

顶部贯通纵筋在连接区内采用搭接、机械连接或焊接。同一连接区段内接头面积百分率不宜大于50%。当钢筋长度可穿过一连接区到下一连接区并满足连接要求时，宜穿越设置
顶部贯通纵筋连接区
$l_n/4$
50
$h_b$
100
垫层
$l_n/3$
$\leqslant l_n/3$
底部贯通纵筋连接区
$l_{ni}$
$l_{ni+1}$
$h_c$
底部非贯通纵筋
底部贯通纵筋在其连接区内采用搭接、机械连接或焊接。同一连接区段内接头面积百分率不宜大于50%。当钢筋长度可穿过一连接区到下一连接区并满足连接要求时，宜穿越设置

## 基础梁JL纵向钢筋与箍筋构造

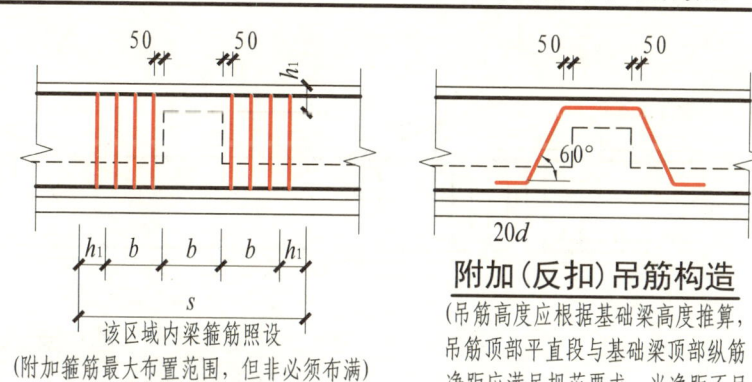

50
$h_1$
$b$
$s$
该区域内梁箍筋照设
(附加箍筋最大布置范围，但非必须布满)

## 附加箍筋构造

50
60°
20$d$

## 附加(反扣)吊筋构造

(吊筋高度应根据基础梁高度推算，吊筋顶部平直段与基础梁顶部纵筋净距应满足规范要求，当净距不足时应置于下一排)

注：1. 跨度值$l_n$为左跨$l_{ni}$和右跨$l_{ni+1}$之较大值，其中i=1, 2, 3……。
2. 节点区内箍筋按梁端箍筋设置。梁相互交叉宽度内的箍筋按截面高度较大的基础梁设置。同跨箍筋有两种时，各自设置范围按具体设计注写。
3. 当两毗邻跨的底部贯通纵筋配置不同时，应将配置较大一跨的底部贯通纵筋越过其标注的跨数终点或起点，伸至配置较小的毗邻跨的跨中连接区进行连接。
4. 钢筋连接要求见本图集第60页。
5. 梁端部与外伸部位钢筋构造见本图集第81页。
6. 当底部纵筋多于两排时，从第三排起非贯通纵筋向跨内的伸出长度值应由设计者注明。
7. 基础梁相交处位于同一层面的交叉纵筋，何梁纵筋在下，何梁纵筋在上，应按具体设计说明。
8. 纵向受力钢筋绑扎搭接区内箍筋设置要求见第60页。

| 基础梁JL纵向钢筋与箍筋构造<br>附加箍筋构造　附加(反扣)吊筋构造 | | | | | | | 图集号 | 16G101-3 |
|---|---|---|---|---|---|---|---|---|
| 审核 | 黄志刚 | 黄志刚 | 校对 | 朱　轩 | 朱轩 | 设计 | 曹梦娇 | 曹梦娇 | 页 | 79 |

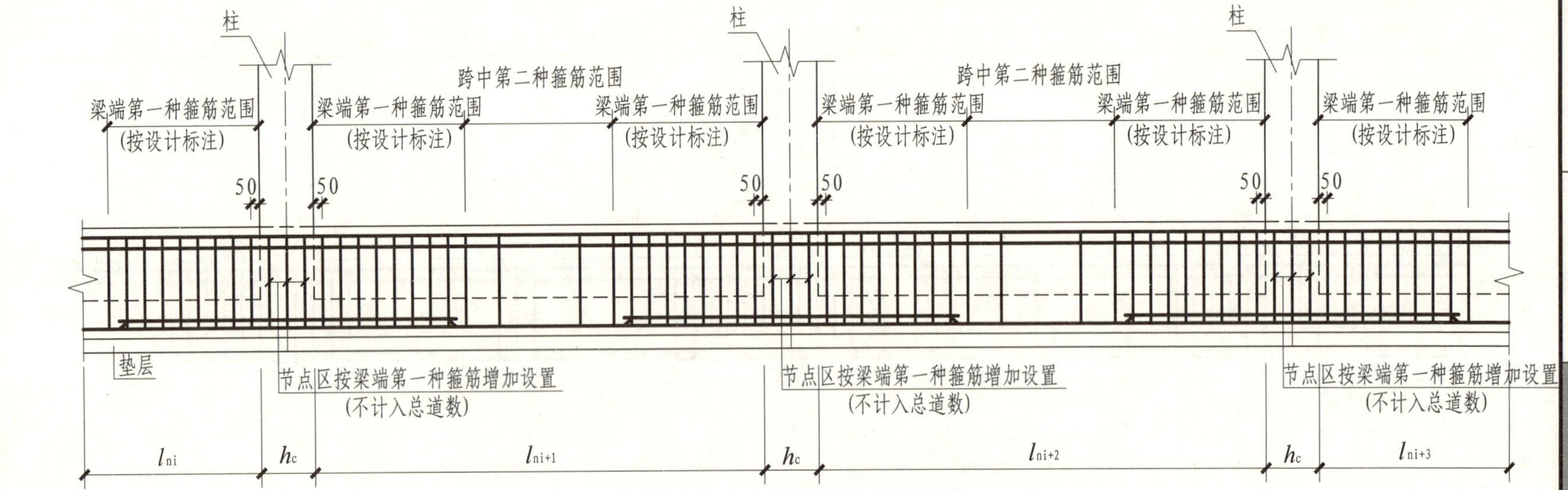

## 基础梁JL配置两种箍筋构造

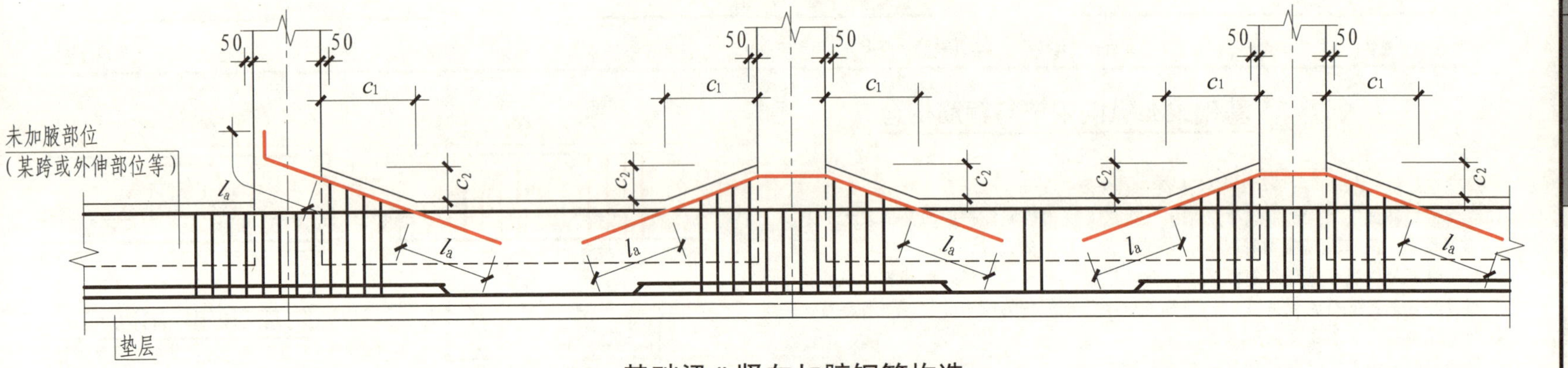

## 基础梁JL竖向加腋钢筋构造

注：
1. 当具体设计未注明时，基础梁的外伸部位以及基础梁端部节点内按第一种箍筋设置。
2. 基础梁竖向加腋部位的钢筋见设计标注。加腋范围的箍筋与基础梁的箍筋配置相同，仅箍筋高度为变值。
3. 基础梁的梁柱结合部位所加侧腋（见本图集第84页）顶面与基础梁非竖向加腋段顶面一平，不随梁竖向加腋的升高而变化。

| 基础梁JL配置两种箍筋构造<br>基础梁JL竖向加腋钢筋构造 | 图集号 | 16G101-3 |
|---|---|---|
| 审核 黄志刚　校对 朱轩　设计 曹梦娇 | 页 | 80 |

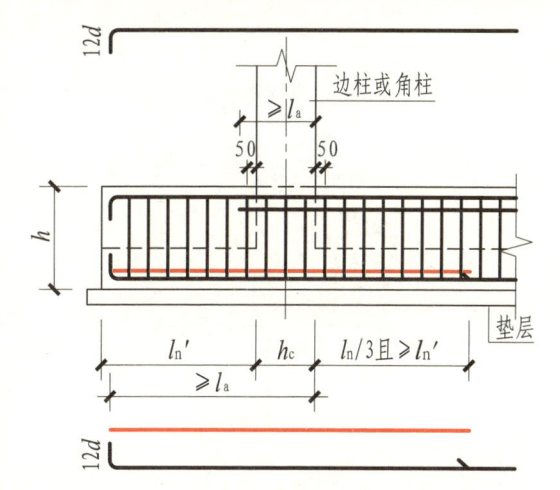

梁板式筏形基础梁端部等截面外伸构造

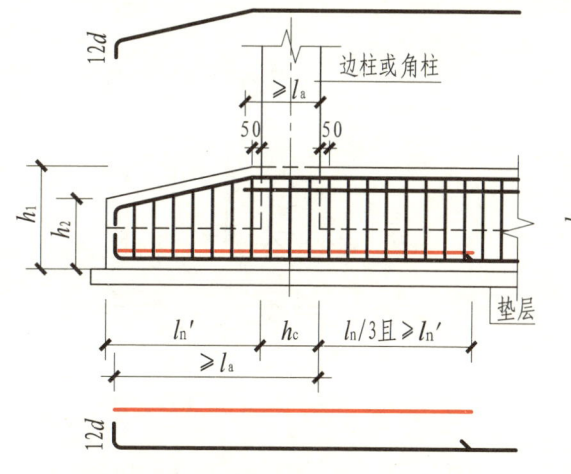

梁板式筏形基础梁端部变截面外伸构造

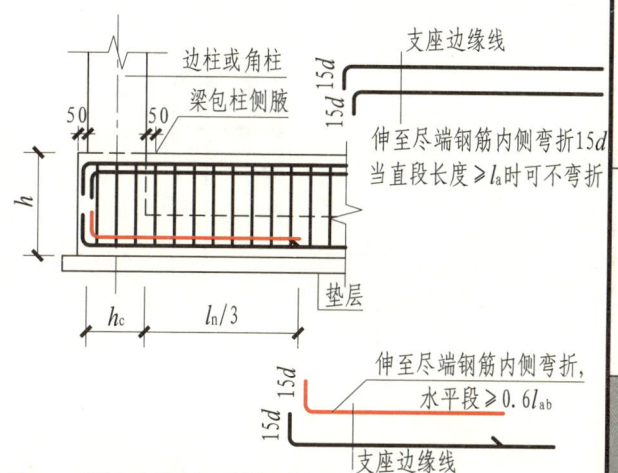

梁板式筏形基础梁端部无外伸构造

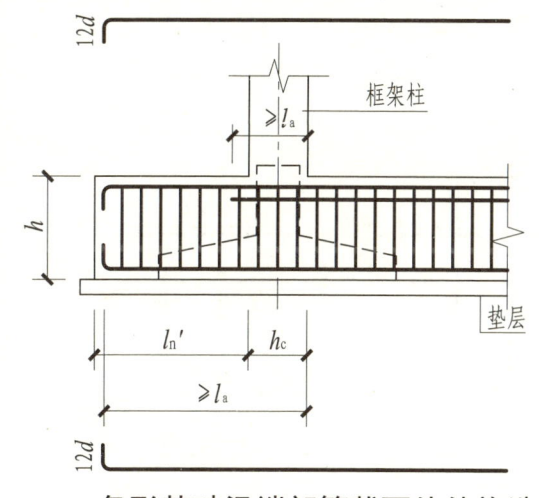

条形基础梁端部等截面外伸构造

条形基础梁端部变截面外伸构造

注：端部等（变）截面外伸构造中，当从柱内边算起的梁端部外伸长度不满足直锚要求时，基础梁下部钢筋应伸至端部后弯折，且从柱内边算起水平段长度 $\geq 0.6l_{ab}$，弯折段长度 $15d$。

| 梁板式筏形基础梁JL端部与外伸部位钢筋构造<br>条形基础梁JL端部与外伸部位钢筋构造 | 图集号 | 16G101-3 |
| --- | --- | --- |
| | 页 | 81 |

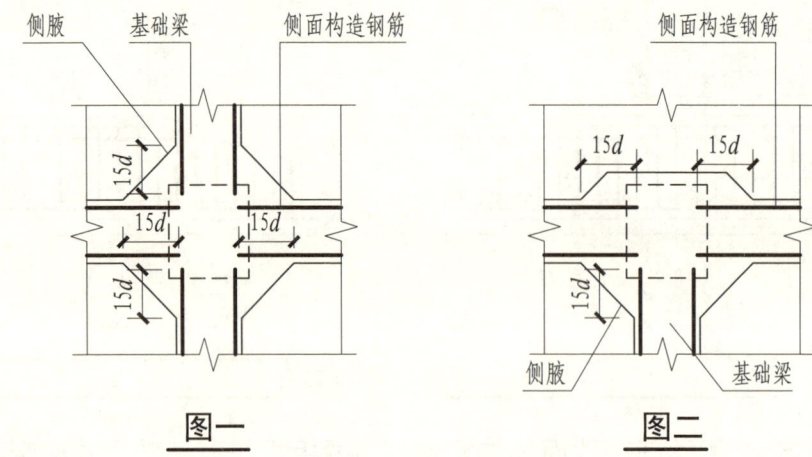

**基础梁侧面构造纵筋和拉筋**

$a \leqslant 200$

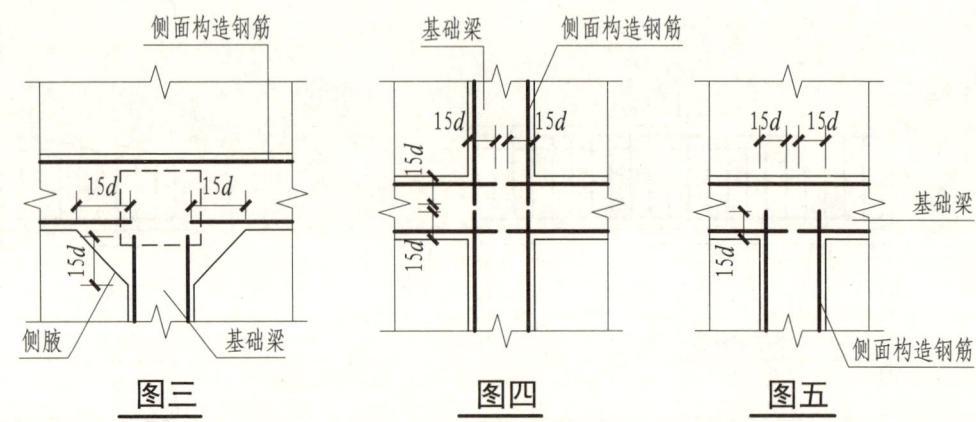

图一　　图二　　图三　　图四　　图五

注：1. 基础梁侧面纵向构造钢筋搭接长度为$15d$。十字相交的基础梁，当相交位置有柱时，侧面构造纵筋锚入梁包柱侧腋内$15d$（见图一）；当无柱时，侧面构造纵筋锚入交叉梁内$15d$（见图四）。丁字相交的基础梁，当相交位置无柱时，横梁外侧的构造纵筋应贯通，横梁内侧的构造纵筋锚入交叉梁内$15d$（见图五）。

2. 梁侧钢筋的拉筋直径除注明者外均为8，间距为箍筋间距的2倍。当设有多排拉筋时，上下两排拉筋竖向错开设置。

3. 基础梁侧面受扭纵筋的搭接长度为$l_l$，其锚固长度为$l_a$，锚固方式同梁上部纵筋。

## 基础梁侧面构造纵筋和拉筋

图集号 16G101-3

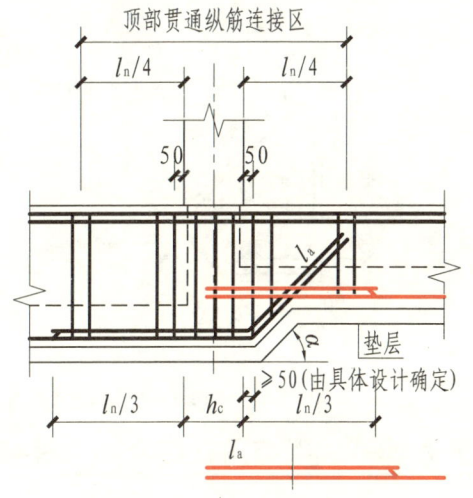

梁底有高差钢筋构造

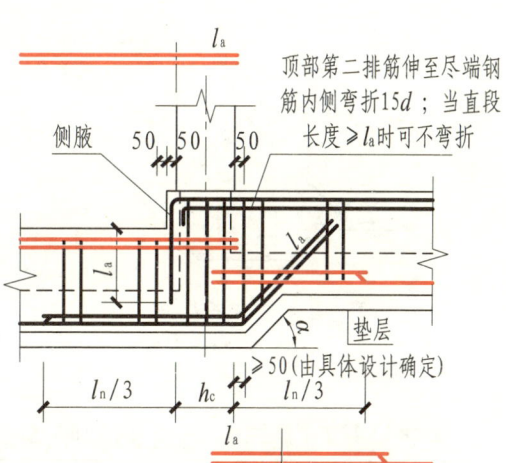

梁底、梁顶均有高差钢筋构造

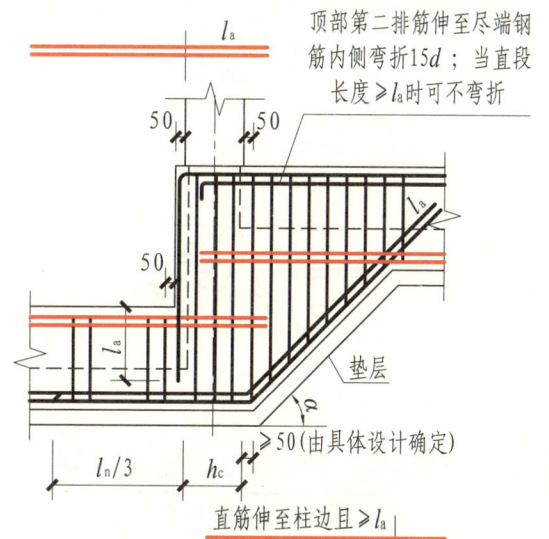

梁底、梁顶均有高差钢筋构造
（仅用于条形基础）

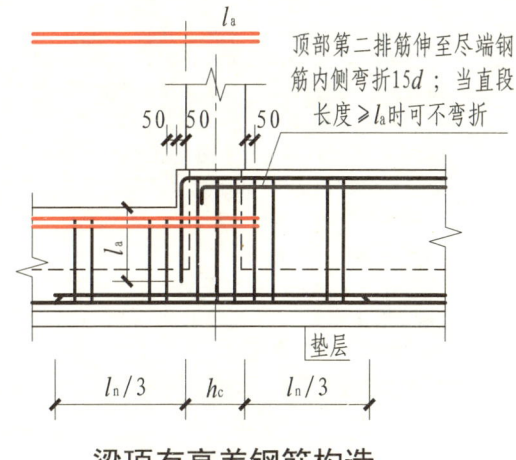

梁顶有高差钢筋构造

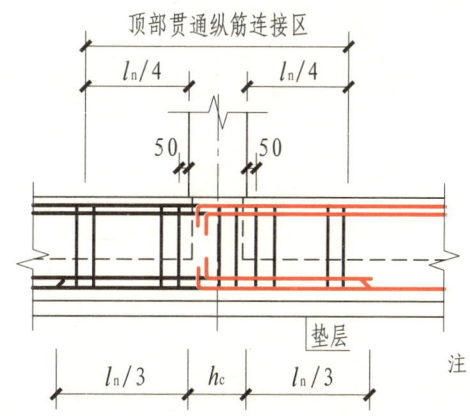

柱两边梁宽不同钢筋构造

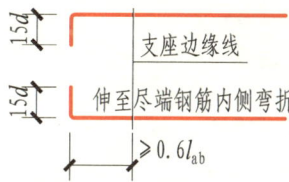

注：1. 当基础梁变标高及变截面形式与本图不同时，其构造应由设计者另行设计；如果要求施工方面参照本图的构造方式，应提供相应改动的变更说明。
2. 梁底高差坡度 $\alpha$ 根据场地实际情况可取30°、45°或60°角。

## 基础梁JL梁底不平和变截面部位钢筋构造

图集号 16G101-3

页 83

## 十字交叉基础梁与柱结合部侧腋构造
（各边侧腋宽出尺寸与配筋均相同）

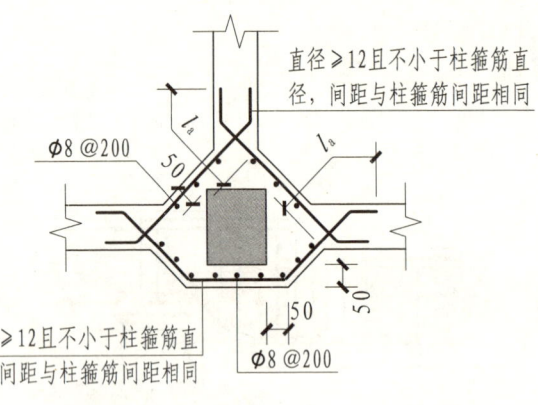

## 丁字交叉基础梁与柱结合部侧腋构造
（各边侧腋宽出尺寸与配筋均相同）

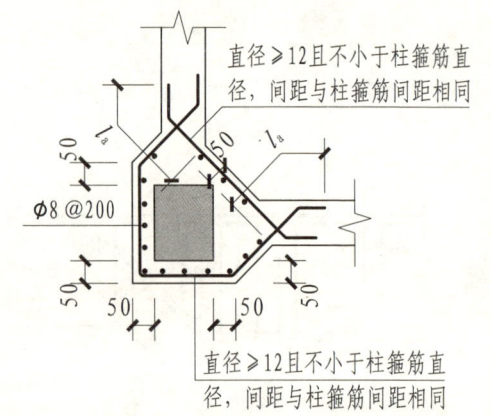

## 无外伸基础梁与角柱结合部侧腋构造

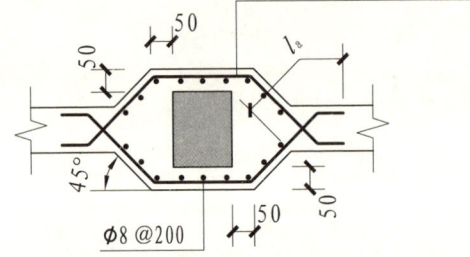

## 基础梁中心穿柱侧腋构造

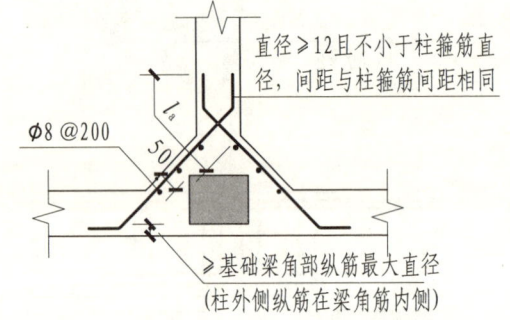

## 基础梁偏心穿柱与柱结合部侧腋构造

注：
1. 除基础梁比柱宽且完全形成梁包柱的情况外，所有基础梁与柱结合部位均按本图加侧腋。
2. 当基础梁与柱等宽，或柱与梁的某一侧面相平时，存在因梁纵筋与柱纵筋同在一个平面内导致直通交叉遇阻情况，此时应适当调整基础梁宽度使柱纵筋直通锚固。
3. 当柱与基础梁结合部位的梁顶面高度不同时，梁包柱侧腋顶面应与较高基础梁的梁顶面一平（即在同一平面上），侧腋顶面至较低梁顶面高差内的侧腋，可参照角柱或丁字交叉基础梁包柱侧腋构造进行施工。

### 基础梁JL与柱结合部侧腋构造

图集号 16G101-3

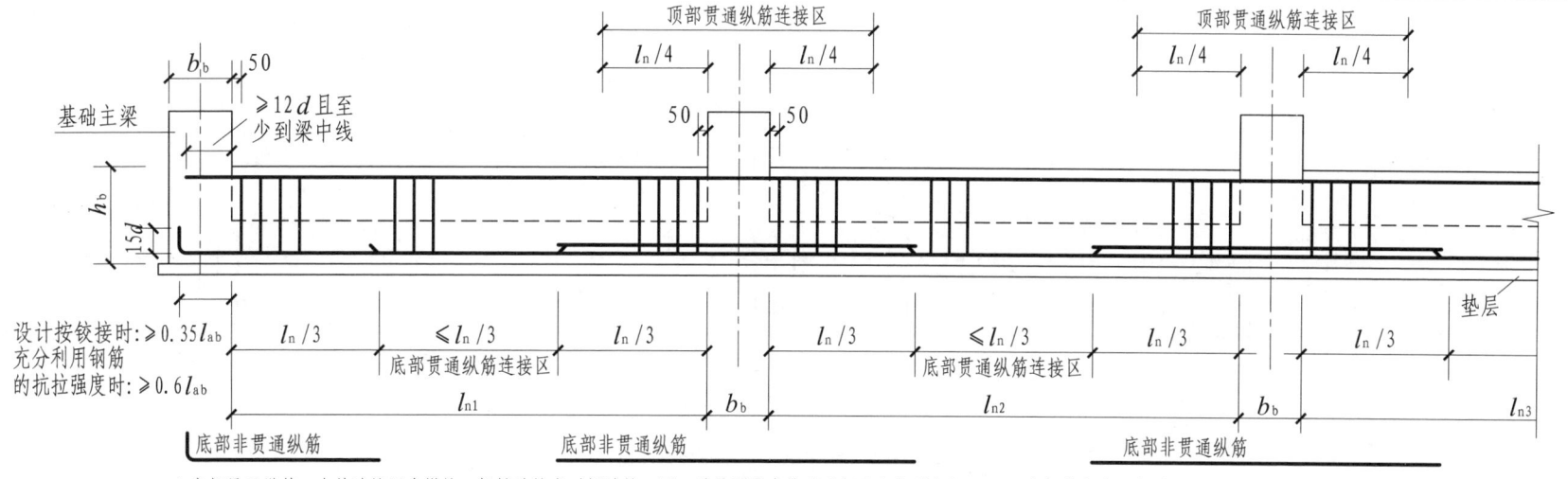

基础次梁JCL纵向钢筋与箍筋构造

注:
1. 跨度值 $l_n$ 为左跨 $l_{ni}$ 和右跨 $l_{ni+1}$ 之较大值,其中 i=1,2,3……。
2. 同跨箍筋有两种时,各自设置范围按具体设计注写值。
3. 节点区内箍筋按梁端箍筋设置。梁相互交叉宽度内的箍筋按截面高度较大的基础梁设置。
4. 当底部纵筋多于两排时,从第三排起非贯通纵筋向跨内的伸出长度值应由设计者注明。
5. 当具体设计未注明时,基础梁外伸部位按梁端第一种箍筋设置。
6. 端部等(变)截面外伸构造中,当从基础主梁内边算起的外伸长度不满足直锚要求时,基础次梁下部钢筋应伸至端部后弯折15d,且从梁内边算起水平段长度应 $\geqslant 0.6l_{ab}$。
7. 基础次梁侧面构造纵筋和拉筋要求见本图集第82页。
8. 图中"设计按铰接时"、"充分利用钢筋的抗拉强度时"由设计指定。

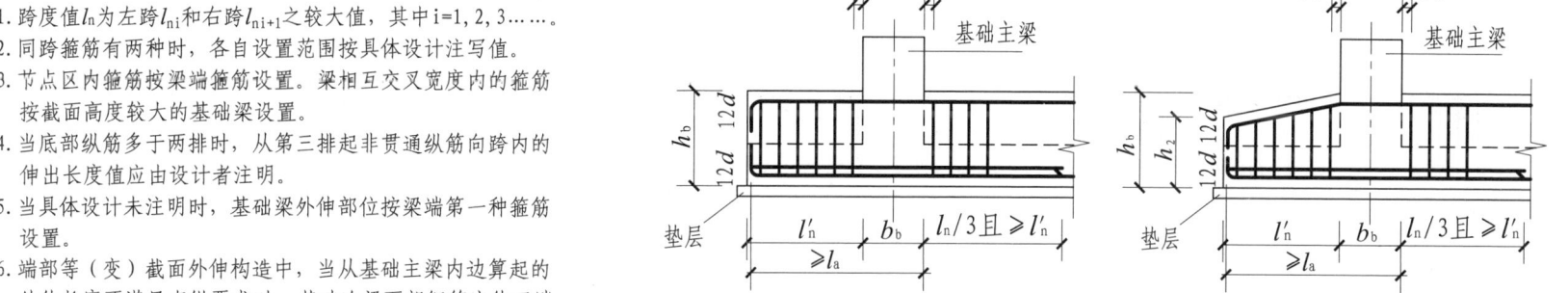

端部等截面外伸构造　　　端部变截面外伸构造

| 基础次梁JCL纵向钢筋与箍筋构造 基础次梁JCL端部外伸部位钢筋构造 | 图集号 | 16G101-3 |
|---|---|---|
| | 页 | 85 |

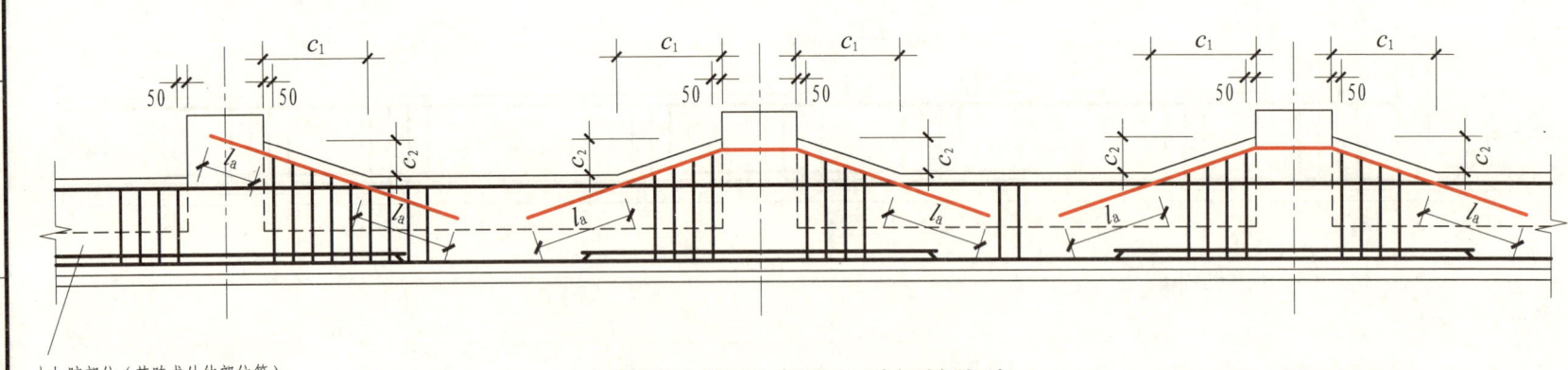

基础次梁JCL竖向加腋钢筋构造

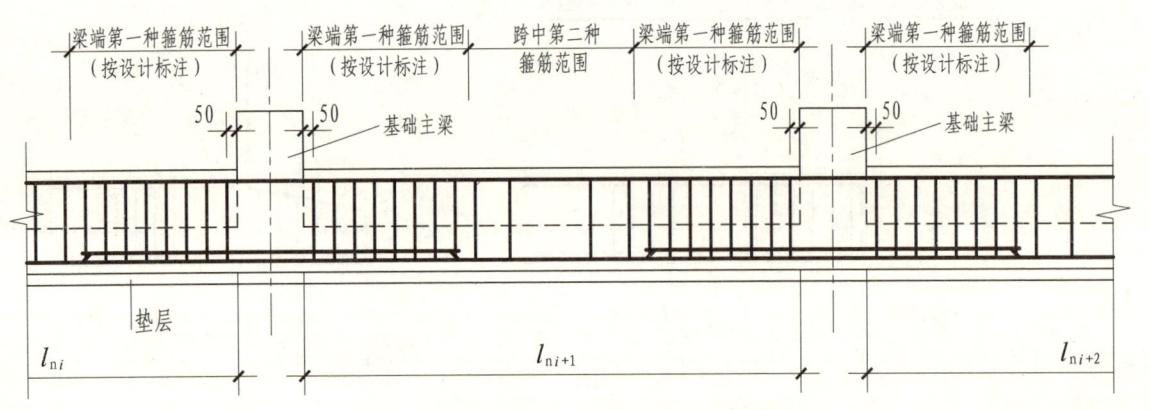

基础次梁JCL配置两种箍筋构造

注：1. $l_{ni}$为基础次梁的本跨净跨值。
2. 当具体设计未注明时，基础次梁的外伸部位，按第一种箍筋设置。
3. 基础次梁竖向加腋部位的钢筋见设计标注。加腋范围的箍筋与基础次梁的箍筋配置相同，仅箍筋高度为变值。

| 基础次梁JCL竖向加腋钢筋构造 基础次梁JCL配置两种箍筋构造 | 图集号 | 16G101-3 |
|---|---|---|
| 审核 尤天直　校对 毕 磊　设计 何喜明 | 页 | 86 |

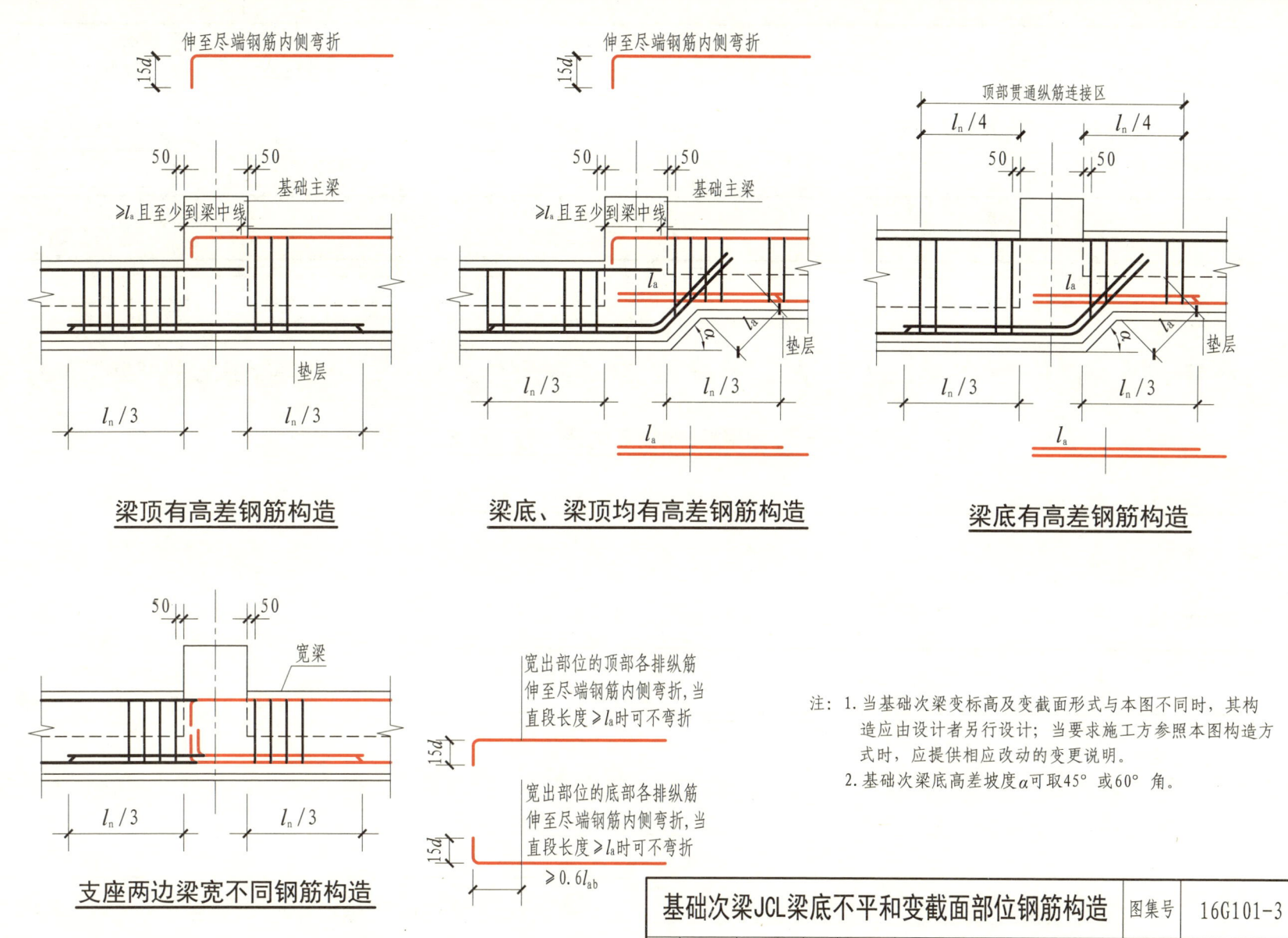

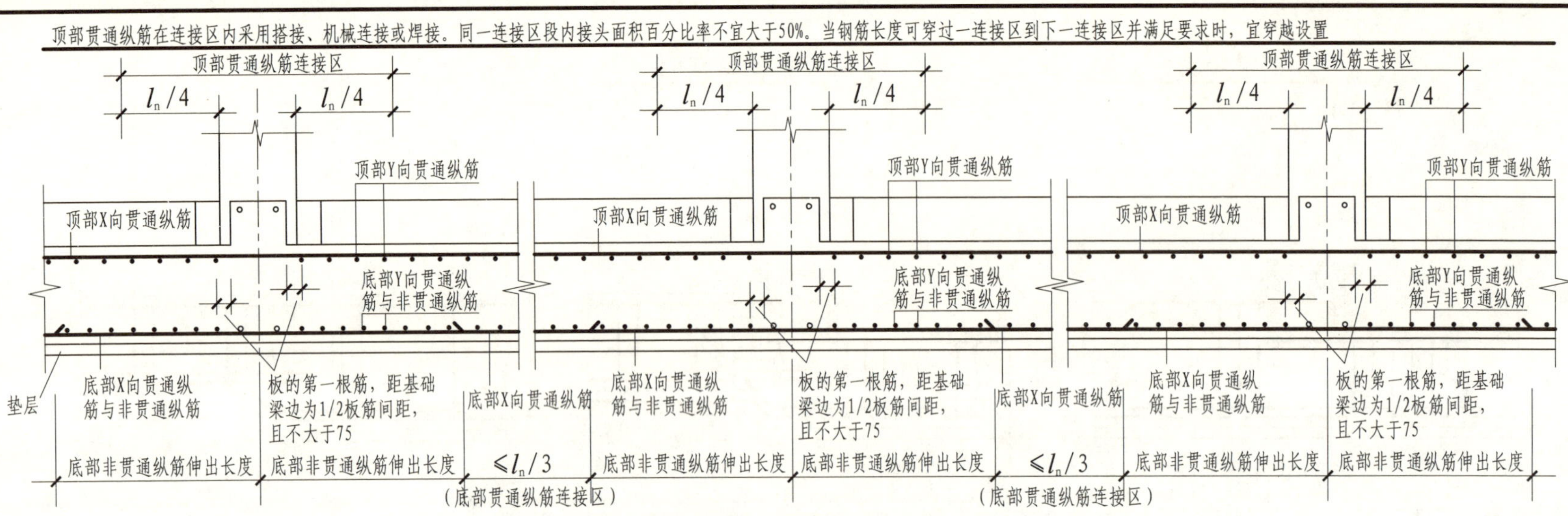

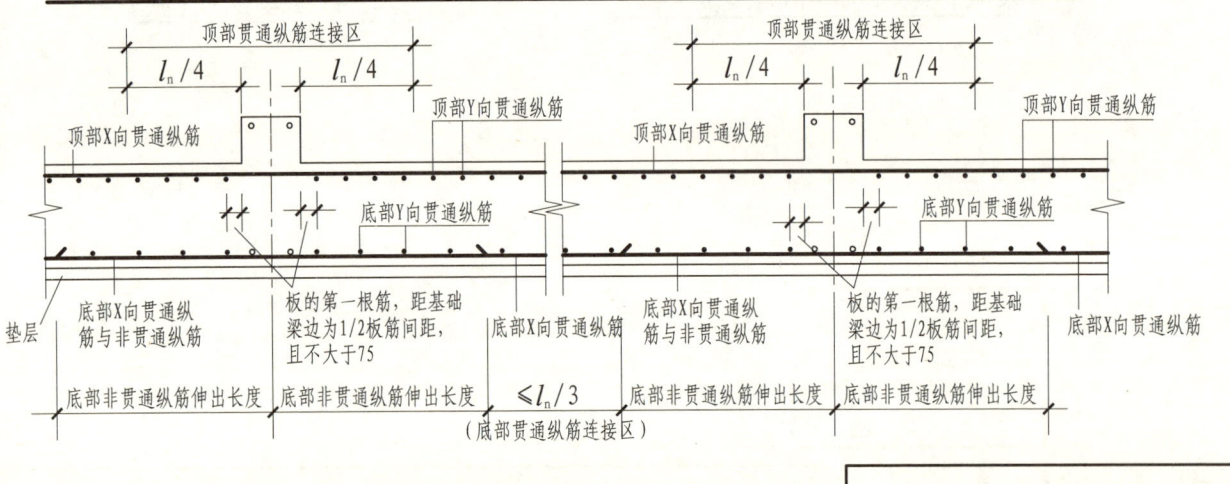

## 梁板式筏形基础平板LPB钢筋构造（柱下区域）

注：基础平板同一层面的交叉纵筋，何向纵筋在下，何向纵筋在上，应按具体设计说明。

## 梁板式筏形基础平板LPB钢筋构造(跨中区域)

| 梁板式筏形基础平板LPB钢筋构造 | | | | | | 图集号 | 16G101-3 |
|---|---|---|---|---|---|---|---|
| 审核 | 尤天直 | 校对 | 毕 磊 | 设计 | 何喜明 | 页 | 88 |

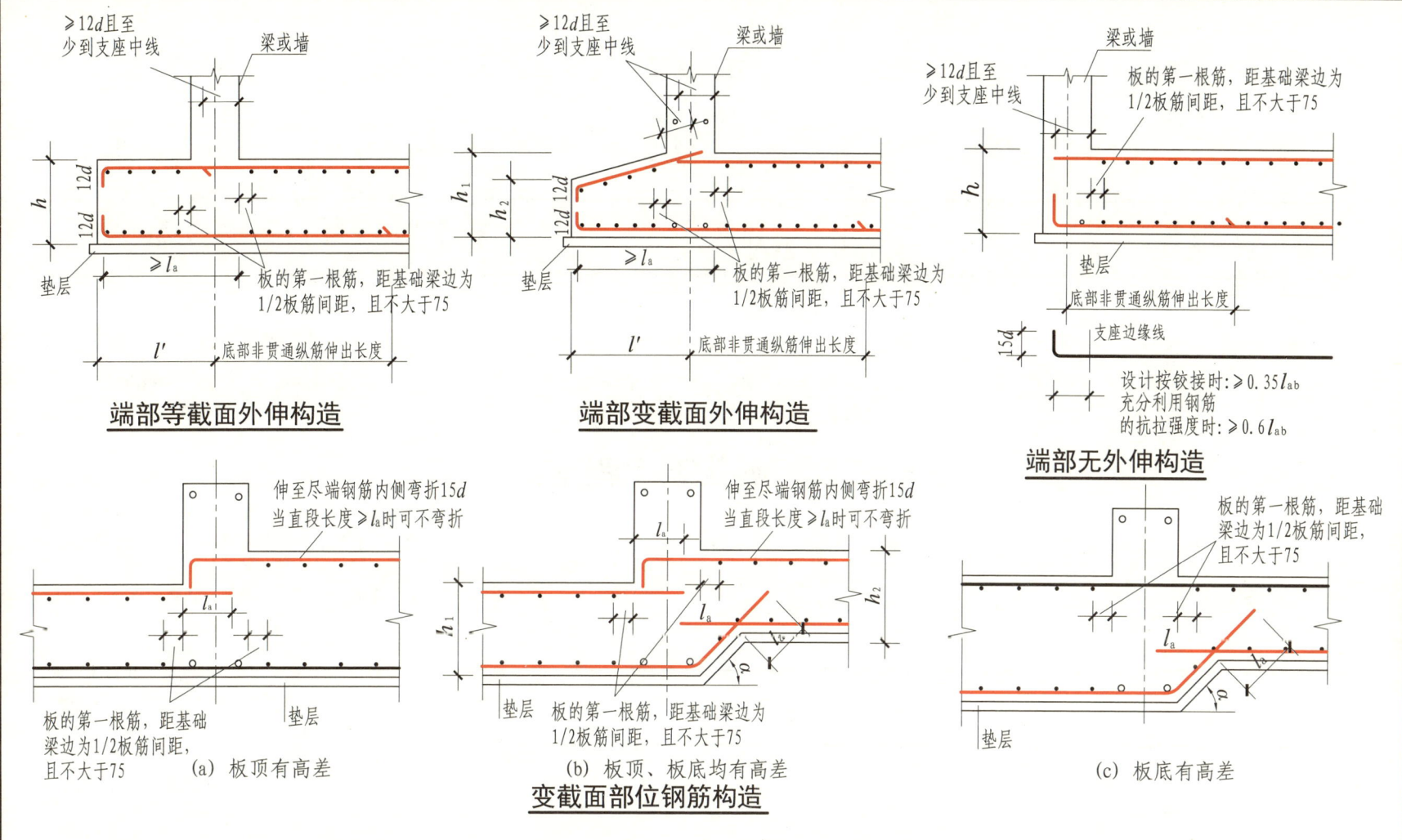

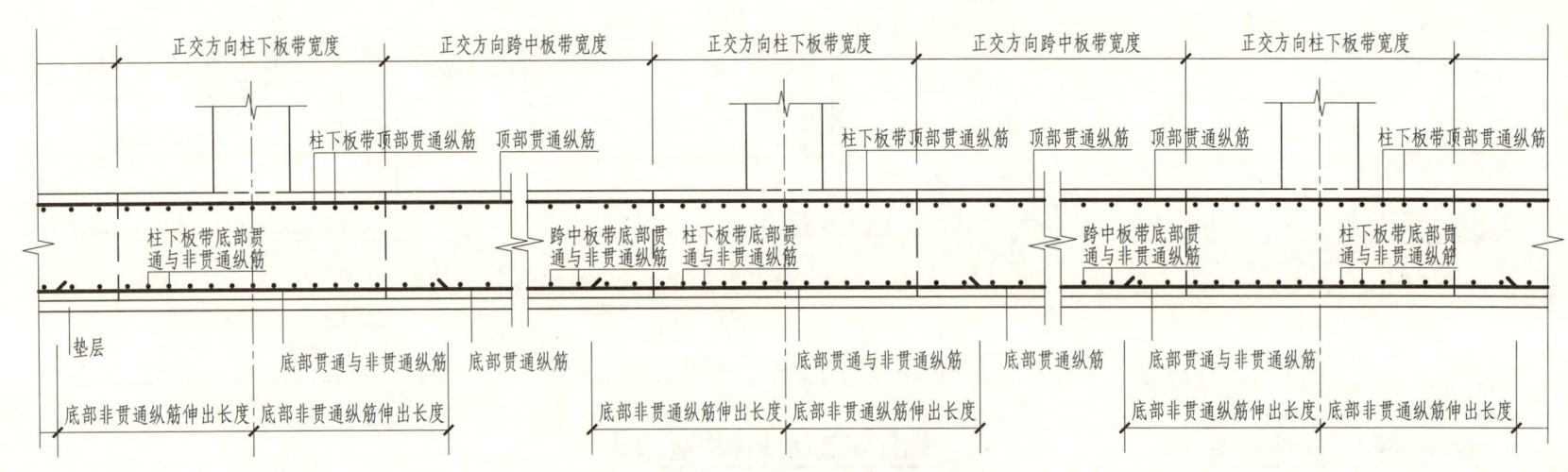

**平板式筏基柱下板带ZXB纵向钢筋构造**

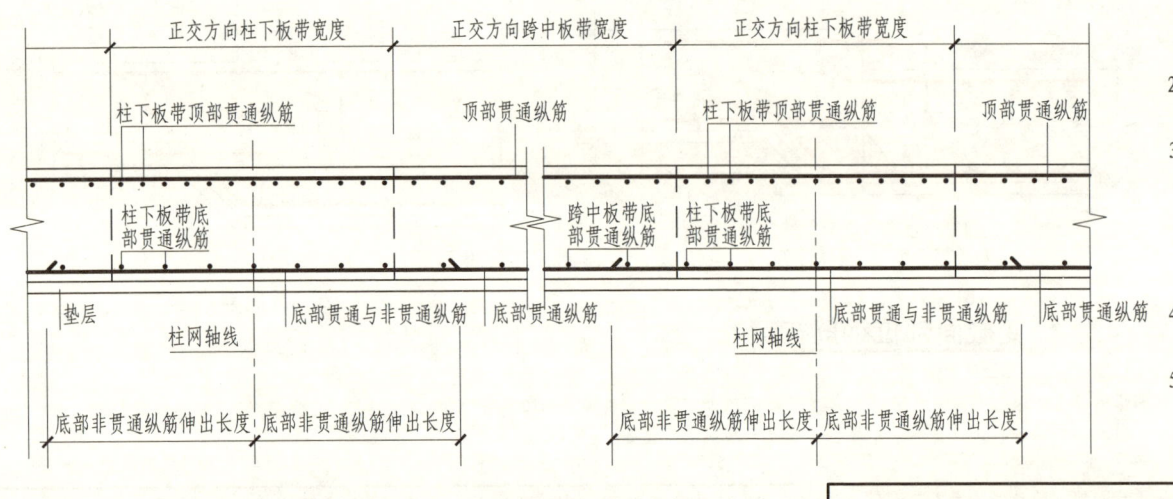

**平板式筏基跨中板带KZB纵向钢筋构造**

注：
1. 不同配置的底部贯通纵筋，应在两毗邻跨中配置较小一跨的跨中连接区域连接（即配置较大一跨的底部贯通纵筋需越过其标注的跨数终点或起点伸至毗邻的跨中连接区域）。
2. 底部与顶部贯通纵筋在本图所示连接区内的连接方式，详见纵筋连接通用构造。
3. 柱下板带与跨中板带的底部贯通纵筋，可在跨中1/3净跨长度范围内搭接连接、机械连接或焊接；柱下板带及跨中板带的顶部贯通纵筋，可在柱网轴线附近1/4净跨长度范围内采用搭接连接、机械连接或焊接。
4. 基础平面同一层面的交叉纵筋，何向纵筋在下，何向纵筋在上，应按具体设计说明。
5. 柱下板带、跨中板带中同一层面的交叉纵筋，何向纵筋在下，何向纵筋在上，应按具体设计说明。

图集号 16G101-3

平板式筏基柱下板带ZXB与跨中板带KZB纵向钢筋构造

页 90

## 平板式筏形基础平板BPB钢筋构造（柱下区域）

## 平板式筏形基础平板BPB钢筋构造(跨中区域)

（顶部贯通纵筋连接区同柱下区域）

注：基础平板同一层面的交叉纵筋，何向纵筋在下，何向纵筋在上，应按具体设计说明。

| 平板式筏形基础平板BPB钢筋构造 | | | | | | 图集号 | 16G101-3 |
|---|---|---|---|---|---|---|---|
| 审核 | 尤天直 | 校对 | 毕　磊 | 设计 | 何喜明 | 页 | 91 |

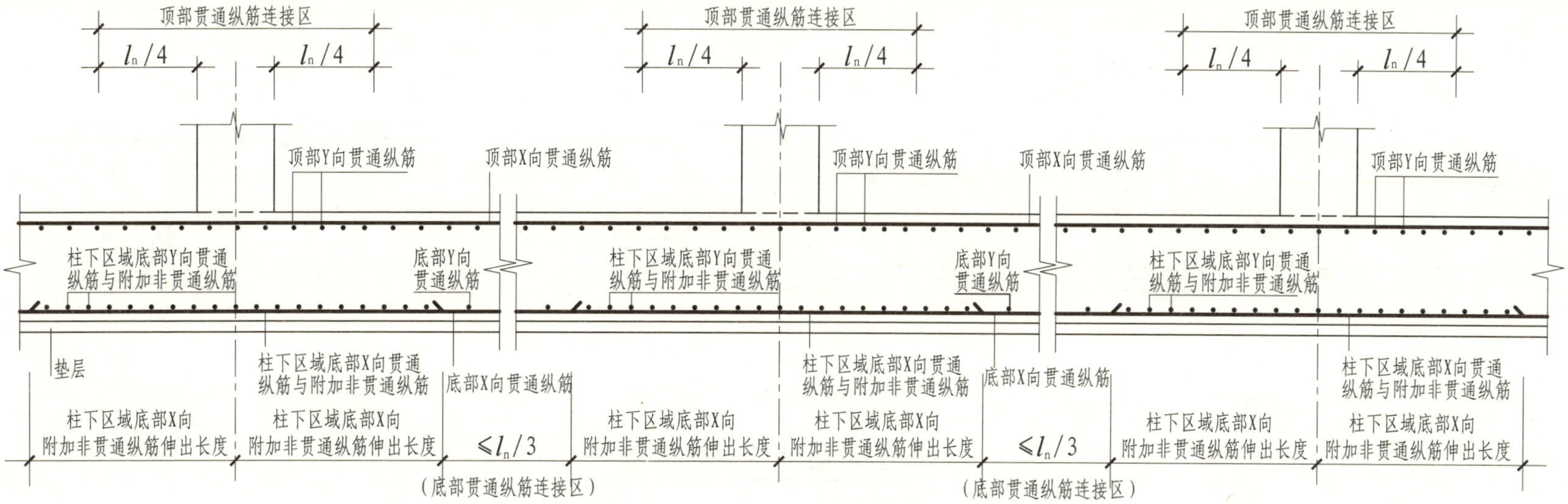

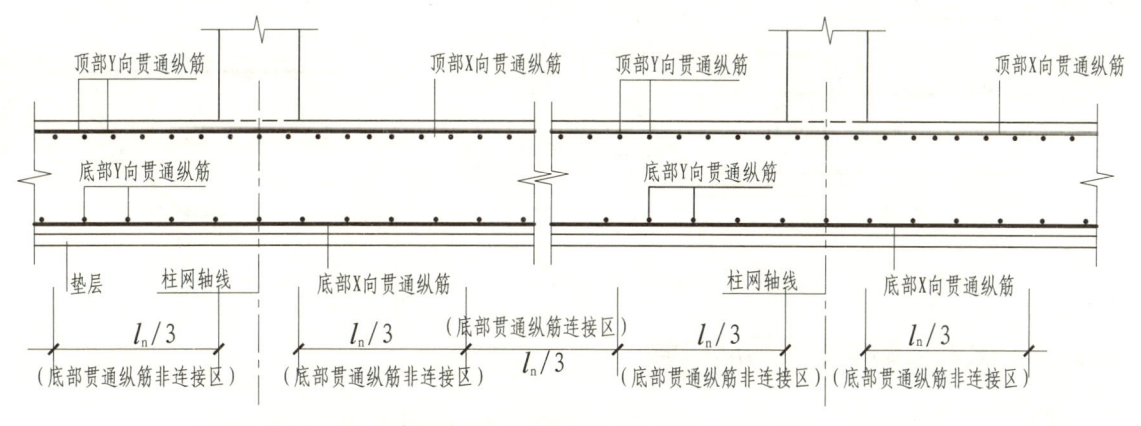

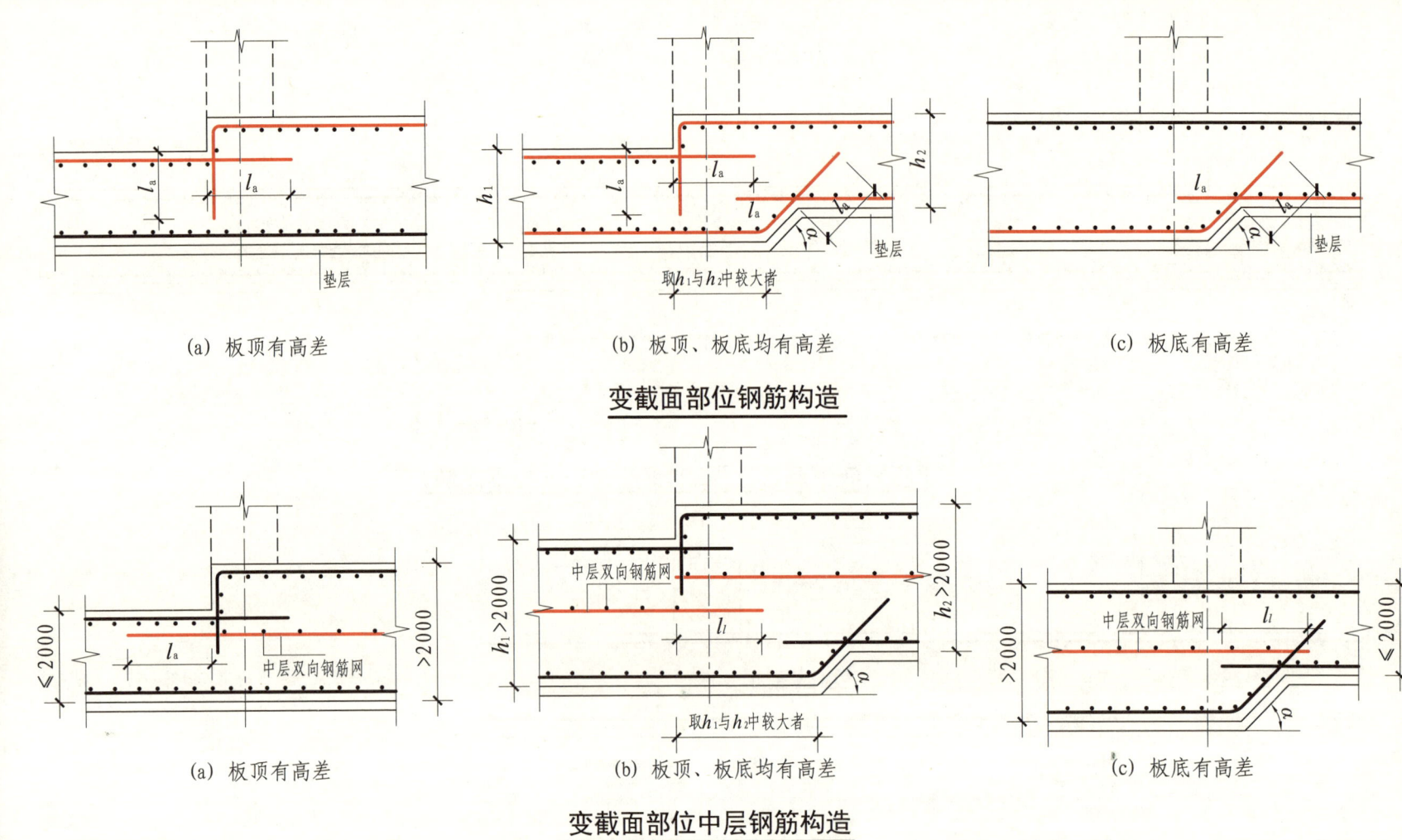

(a) 板顶有高差　　　(b) 板顶、板底均有高差　　　(c) 板底有高差

**变截面部位钢筋构造**

(a) 板顶有高差　　　(b) 板顶、板底均有高差　　　(c) 板底有高差

**变截面部位中层钢筋构造**

注：1. 本图构造规定适用于设置或未设置柱下板带和跨中板带的板式筏形基础的变截面部位的钢筋构造。
2. 当板式筏形基础平板的变截面形式与本图不同时，其构造应由设计者设计；当要求施工方参照本图构造方式时，应提供相应改动的变更说明。
3. 板底高差坡度 $\alpha$ 可为 45° 或 60° 角。
4. 中层双向钢筋网直径不宜小于12，间距不宜大于300。

| 平板式筏形基础平板（ZXB、KZB、BPB）变截面部位钢筋构造 | 图集号 | 16G101-3 |
|---|---|---|
| | 页 | 92 |

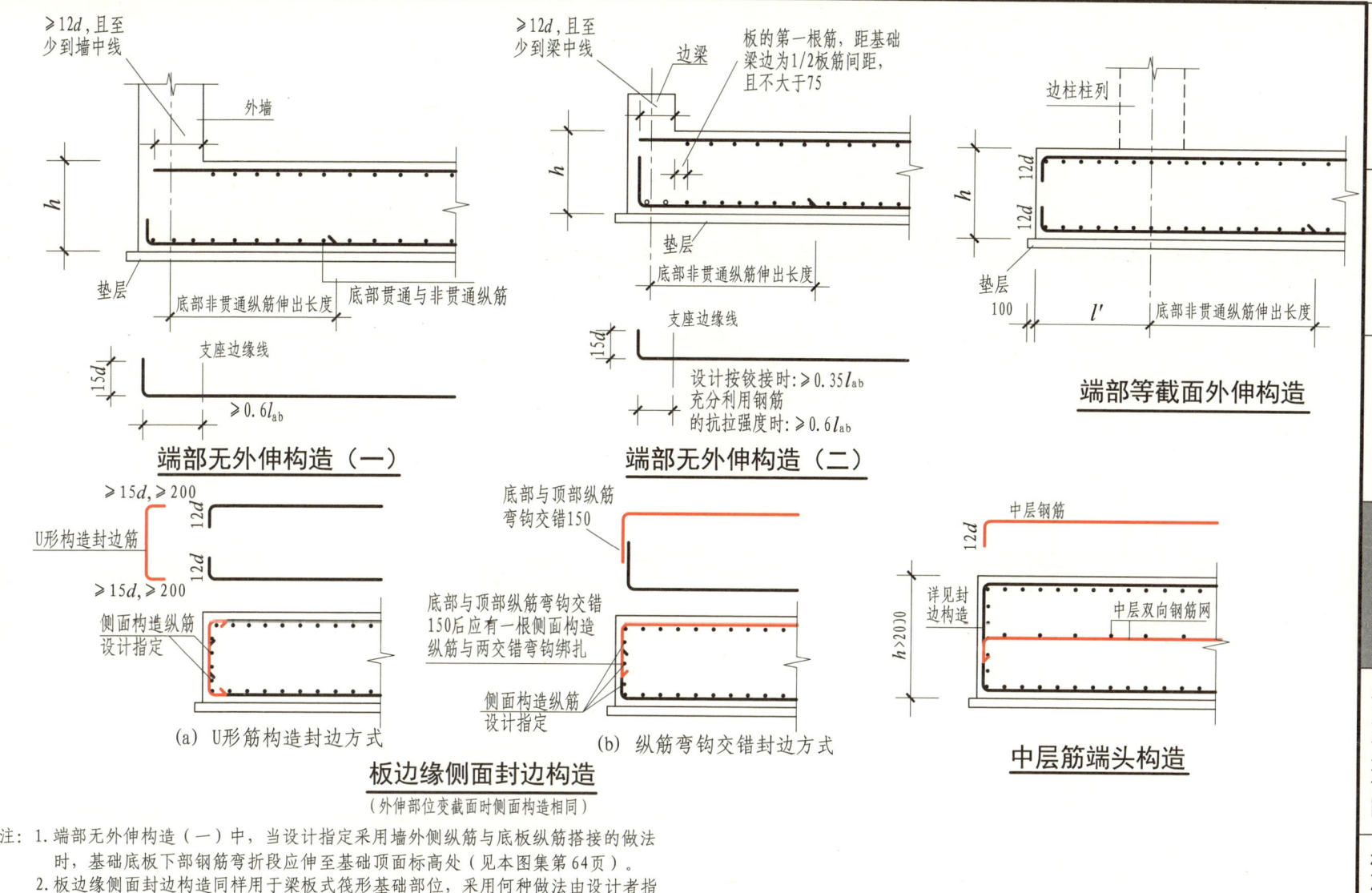

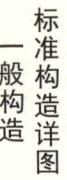

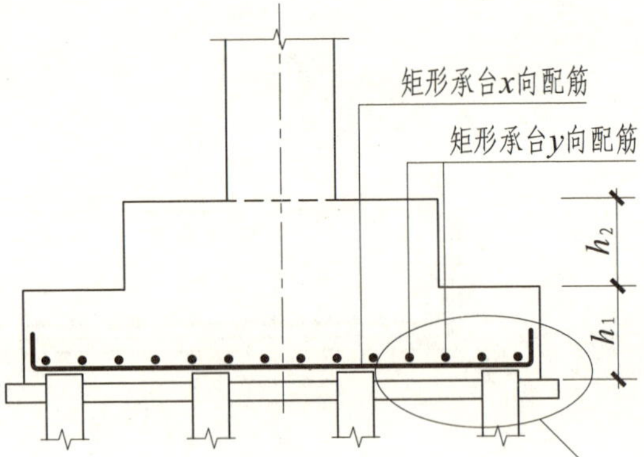

(a) 阶形截面CT$_J$

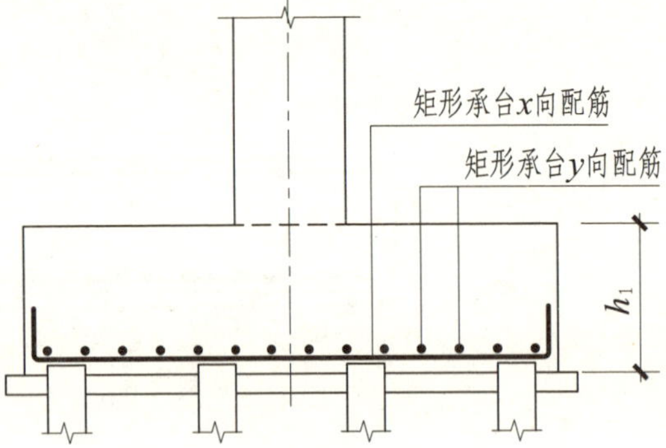

(b) 单阶形截面CT$_J$

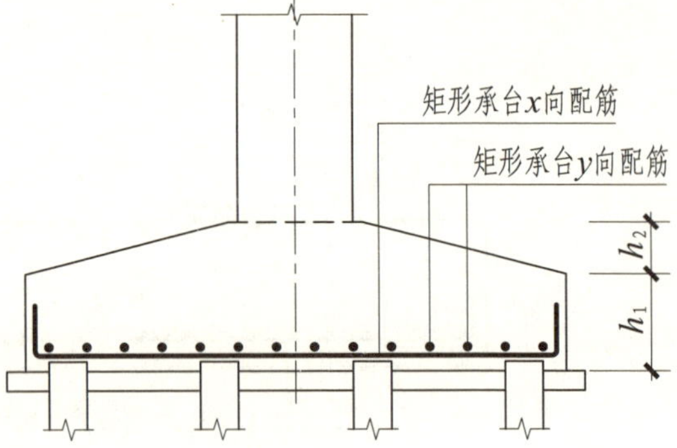

(c) 坡形截面CT$_P$

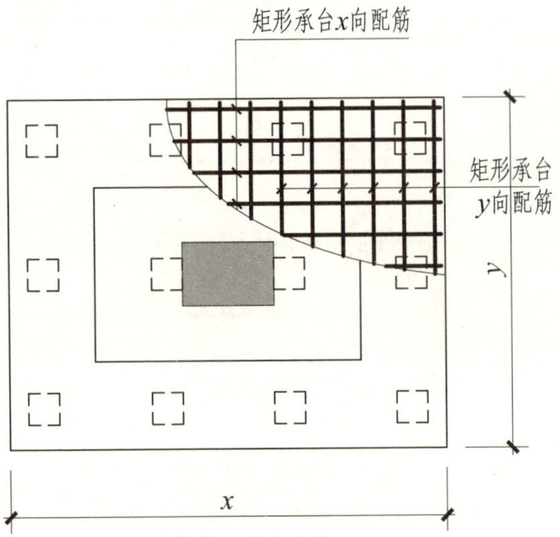

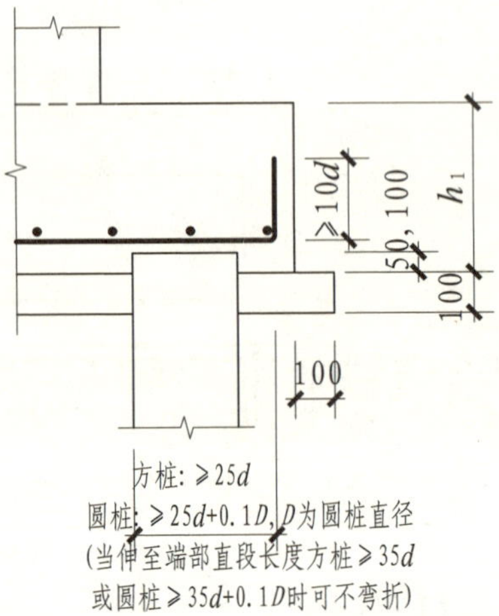

矩形承台配筋构造

方桩: ≥25d
圆桩: ≥25d+0.1D, D为圆桩直径
(当伸至端部直段长度方桩≥35d
或圆桩≥35d+0.1D时可不弯折)

注: 当桩直径或桩截面边长<800时, 桩顶嵌入承台50;
当桩直径或桩截面边长≥800时, 桩顶嵌入承台100。

## 矩形承台CT$_J$和CT$_P$配筋构造

图集号 16G101-3

页 94

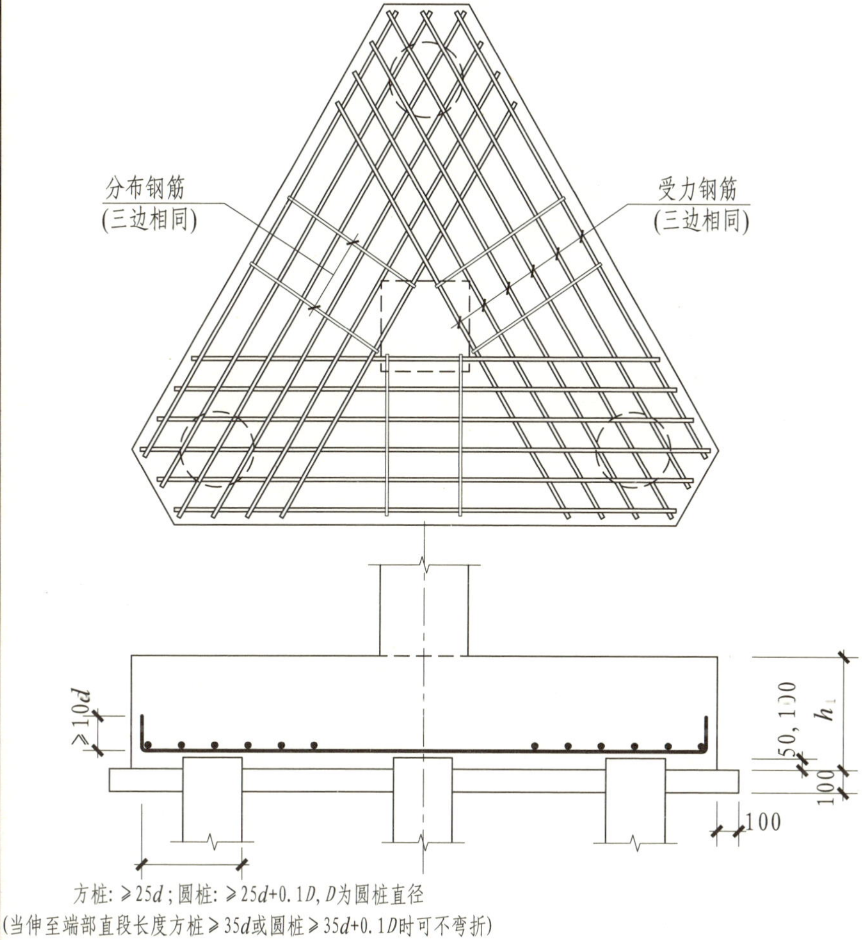

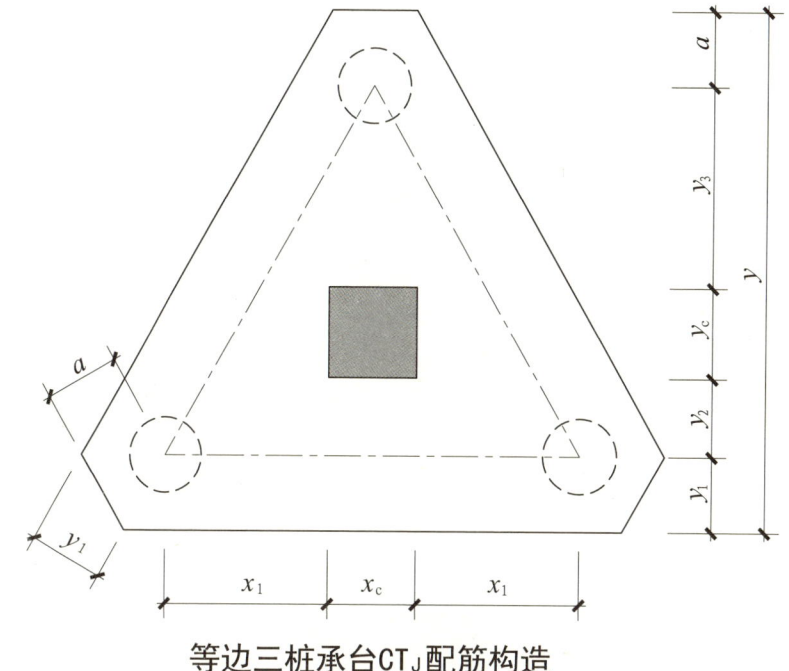

分布钢筋
(三边相同)
受力钢筋
(三边相同)
≥10d
50,100
$h_1$
100
100
方桩: ≥25d ; 圆桩: ≥25d+0.1D, D为圆桩直径
(当伸至端部直段长度方桩≥35d或圆桩≥35d+0.1D时可不弯折)


a
$y_3$
y
$y_c$
$y_2$
$y_1$
a
$y_1$
$x_1$
$x_c$
$x_1$


等边三桩承台$CT_J$配筋构造

伸至承台边缘弯折10d
水平段长度≥
35d+0.1D时可不弯折
≥25d+0.1D
伸至承台边缘弯折10d
水平段长度≥35d时可不弯折
≥25d


三桩承台受力钢筋端部构造

注：1. 当桩直径或桩截面边长＜800时，桩顶嵌入承台50；当桩径或桩截面边长≥800时，桩顶嵌入承台100。
2. 几何尺寸和配筋按具体结构设计和本图构造确定。等边三桩承台受力钢筋以“△”打头注写各边受力钢筋×3。
3. 最里面的三根钢筋应在柱截面范围内。
4. 设计时应注意：承台纵向受力钢筋直径不宜小于12，间距不宜大于200，其最小配筋率≥0.15%，板带上宜布置分布钢筋。施工按设计文件标注的钢筋进行施工。

| 等边三桩承台$CT_J$ 配筋构造 | | | | | | 图集号 | 16G101-3 |
|---|---|---|---|---|---|---|---|
| 审核 | 黄志刚 | 校对 | 曲卫波 | 设计 | 林 蔚 | 页 | 95 |

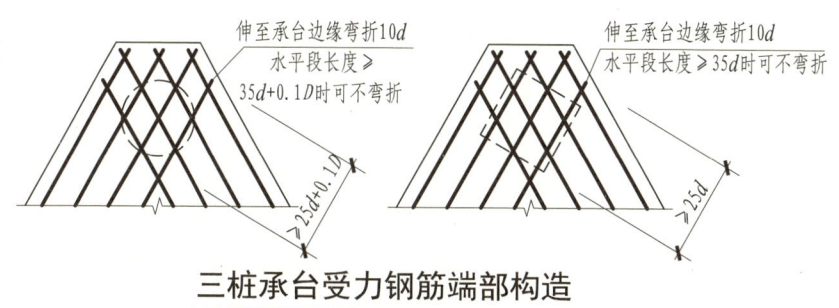

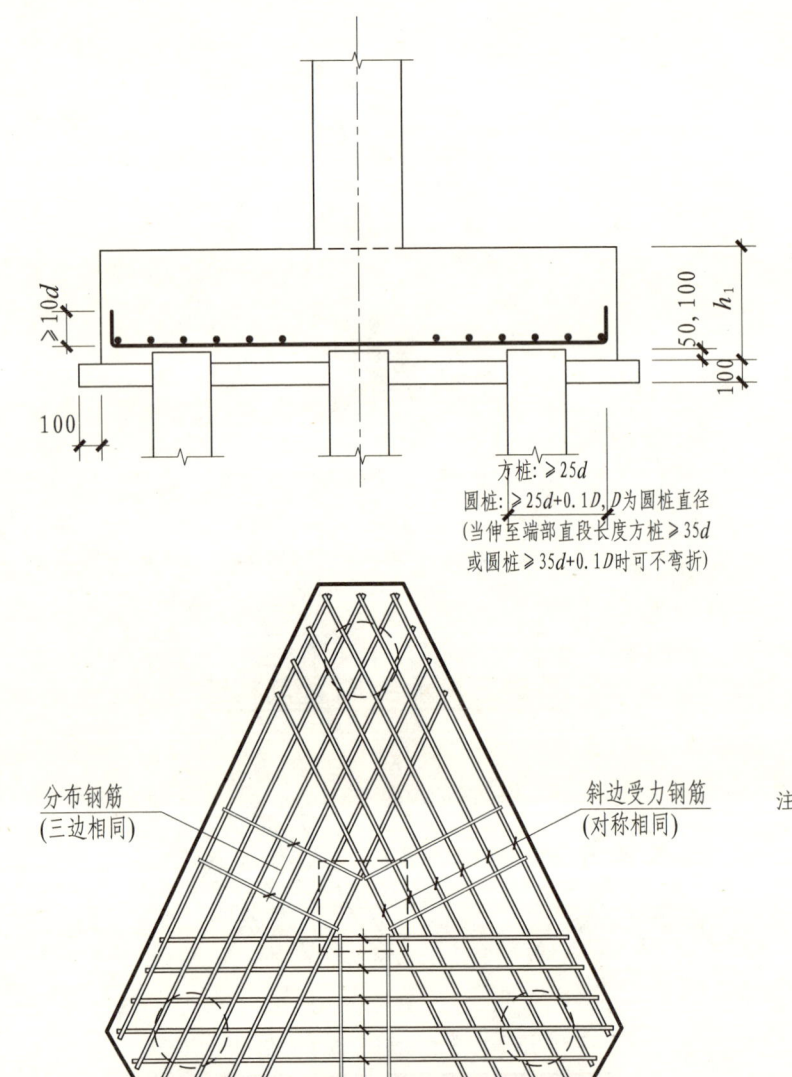

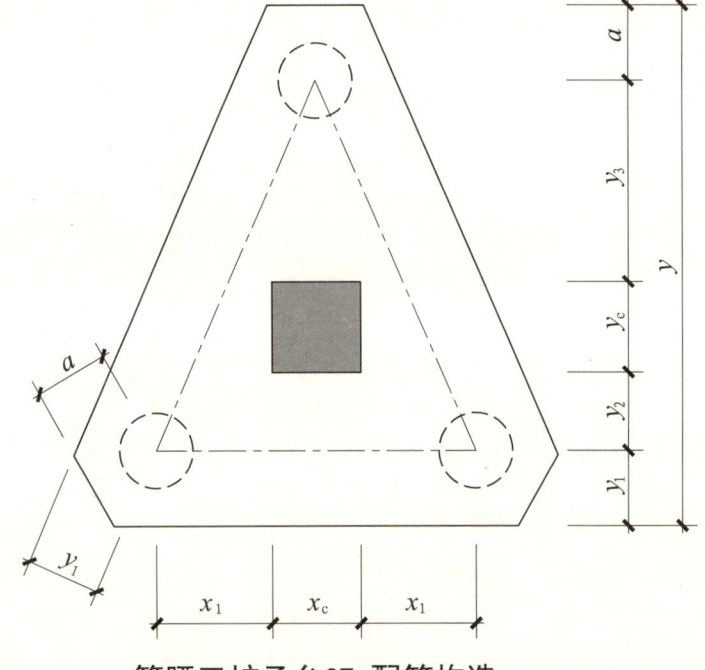

**等腰三桩承台CTJ配筋构造**

注：1. 当桩直径或桩截面边长＜800时，桩顶嵌入承台50；当桩径或桩截面边长≥800时，桩顶嵌入承台100。
2. 几何尺寸和配筋按具体结构设计和本图构造确定。等腰三桩承台受力钢筋以"△"打头注写底边受力钢筋+对称等腰斜边受力钢筋并×2。
3. 最里面的三根钢筋应在柱截面范围内。
4. 设计时应注意：承台纵向受力钢筋直径不宜小于12，间距不宜大于200，其最小配筋率≥0.15%，板带上宜布置分布钢筋。施工按设计文件标注的钢筋进行施工。
5. 三桩承台受力钢筋端部构造详见本图集第95页。

## 等腰三桩承台CTJ配筋构造

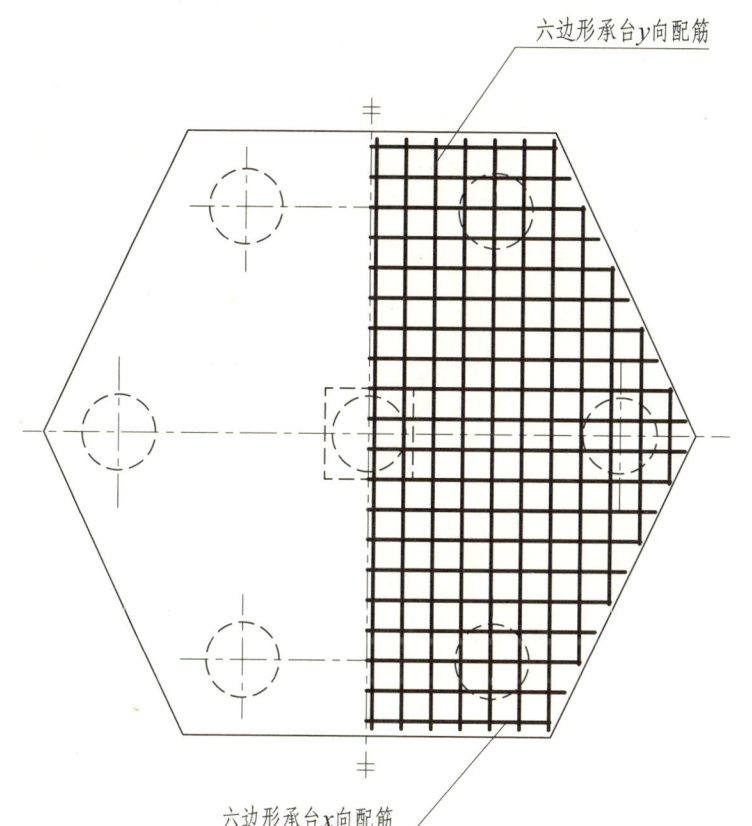

六边形承台y向配筋

六边形承台x向配筋

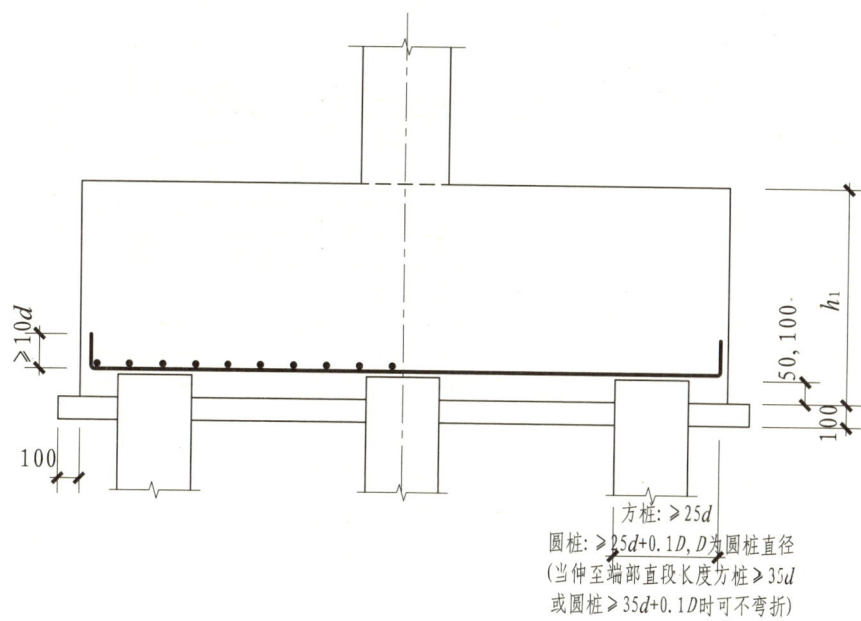

方桩：≥25d
圆桩：≥25d+0.1D，D为圆桩直径
（当伸至端部直段长度方桩≥35d
或圆桩≥35d+0.1D时可不弯折）

注：1. 当桩直径或桩截面边长＜800时，桩顶嵌入承台50；
当桩直径或桩截面边长≥800时，桩顶嵌入承台100。
2. 几何尺寸和配筋按具体结构设计和本图构造确定。

## 六边形承台CT$_J$配筋构造

图集号 16G101-3

审核 黄志刚　校对 曲卫波　设计 林蔚

页 97

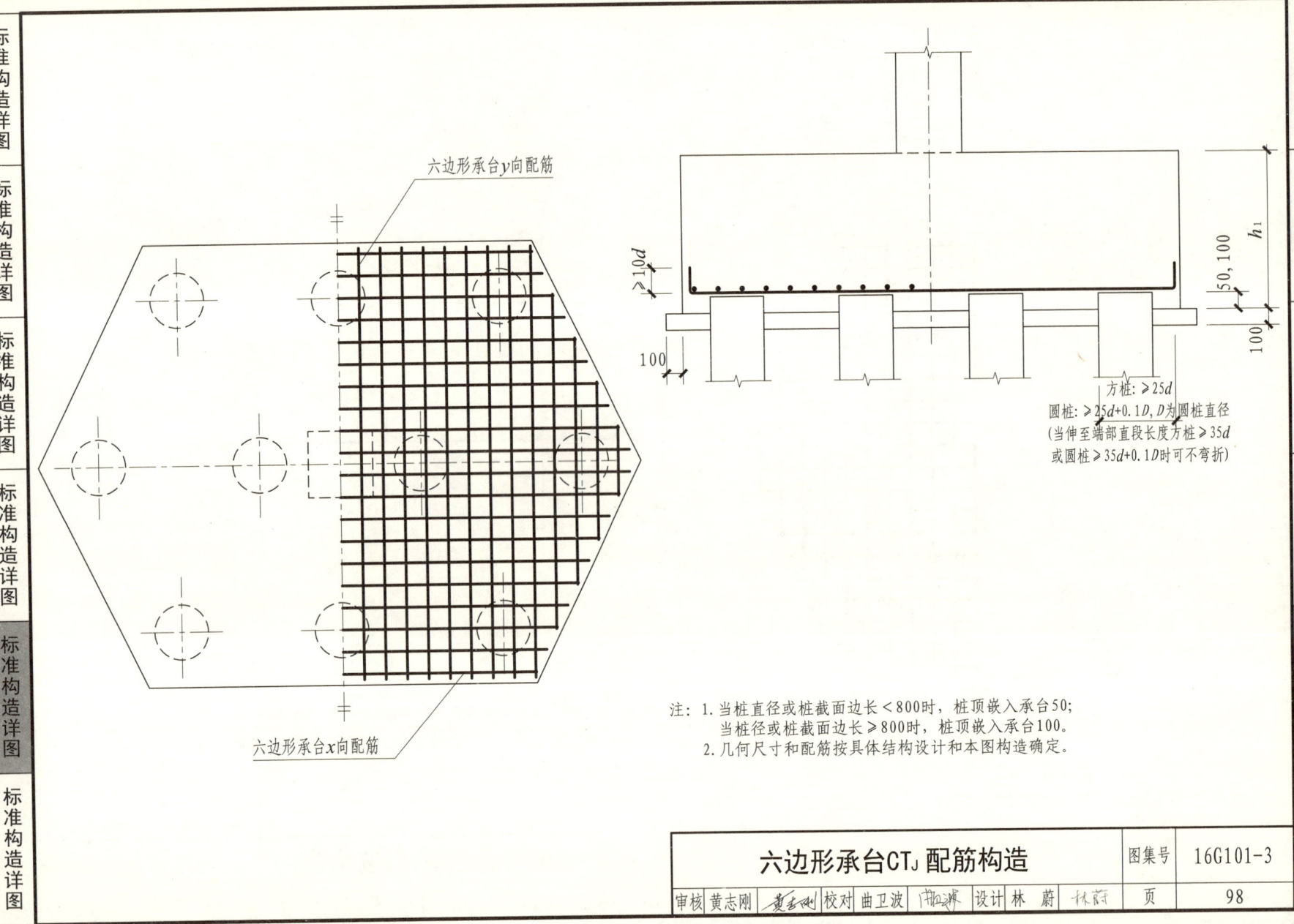

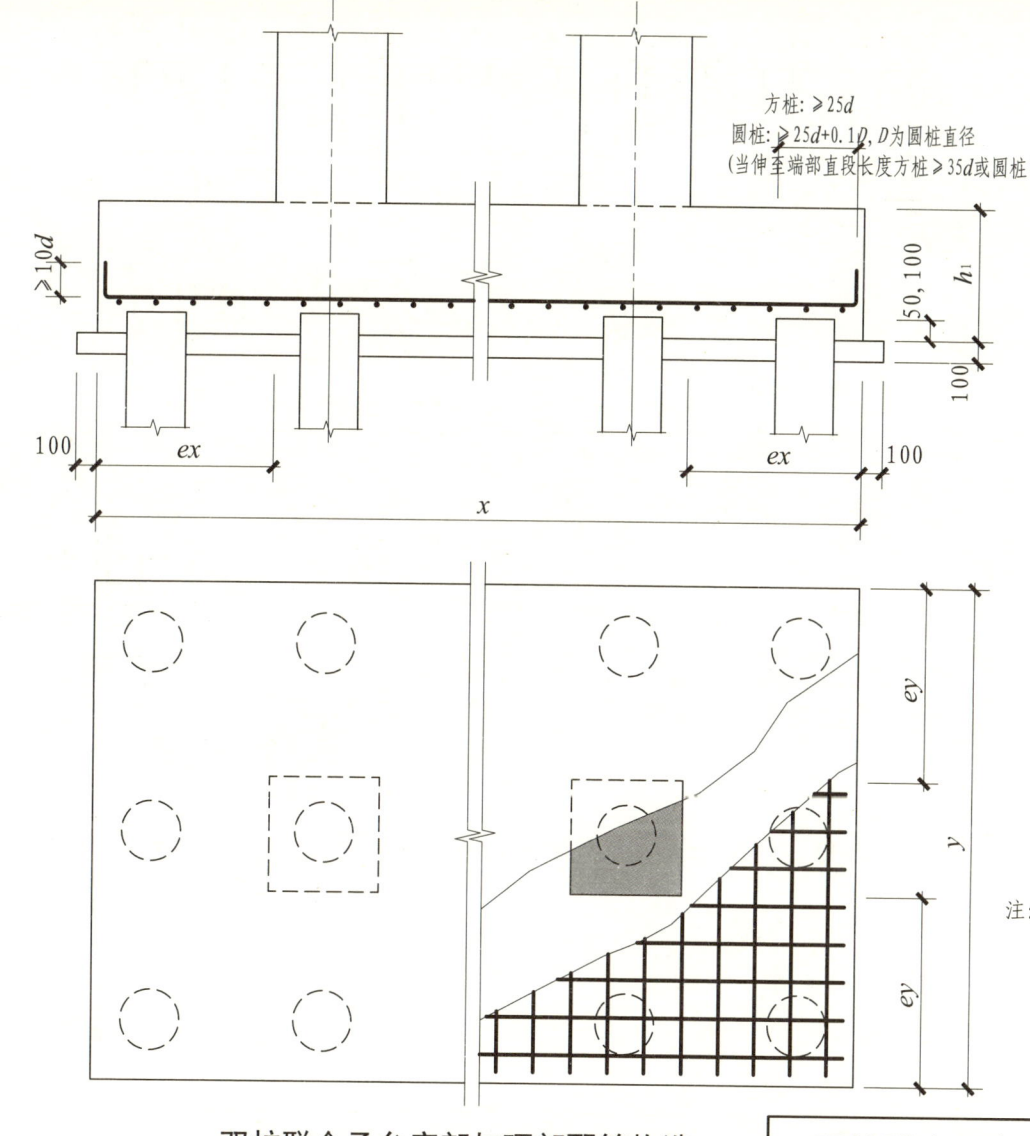

双柱联合承台底部与顶部配筋构造

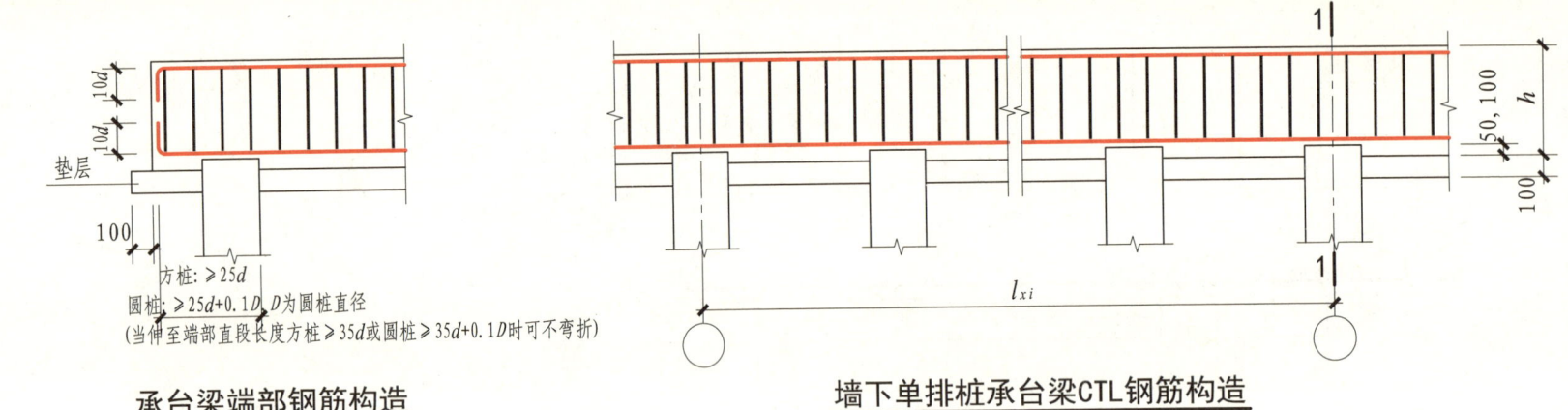

承台梁端部钢筋构造

墙下单排桩承台梁CTL钢筋构造

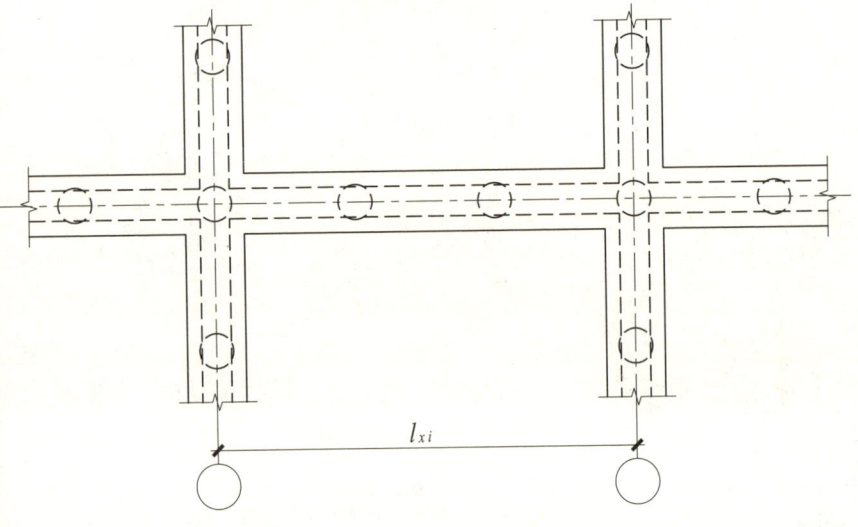

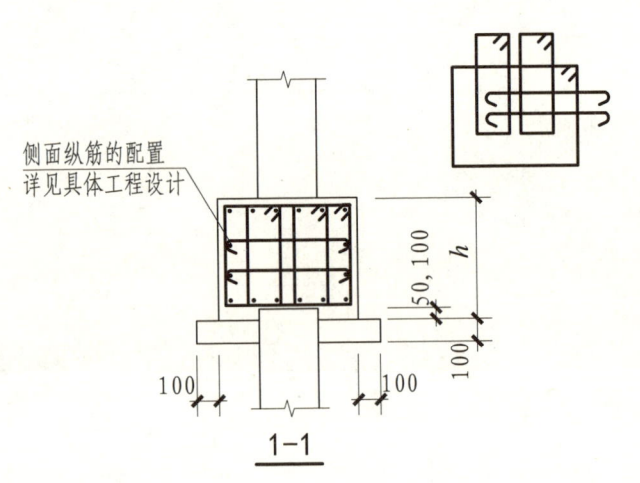

1-1

注：1. 当桩直径或桩截面边长<800时，桩顶嵌入承台50；当桩径或桩截面边长≥800时，桩顶嵌入承台100。
2. 拉筋直径为8，间距为箍筋的2倍。当设有多排拉筋时，上下两排拉筋竖向错开设置。

## 墙下单排桩承台梁CTL配筋构造

图集号 16G101-3

页 100

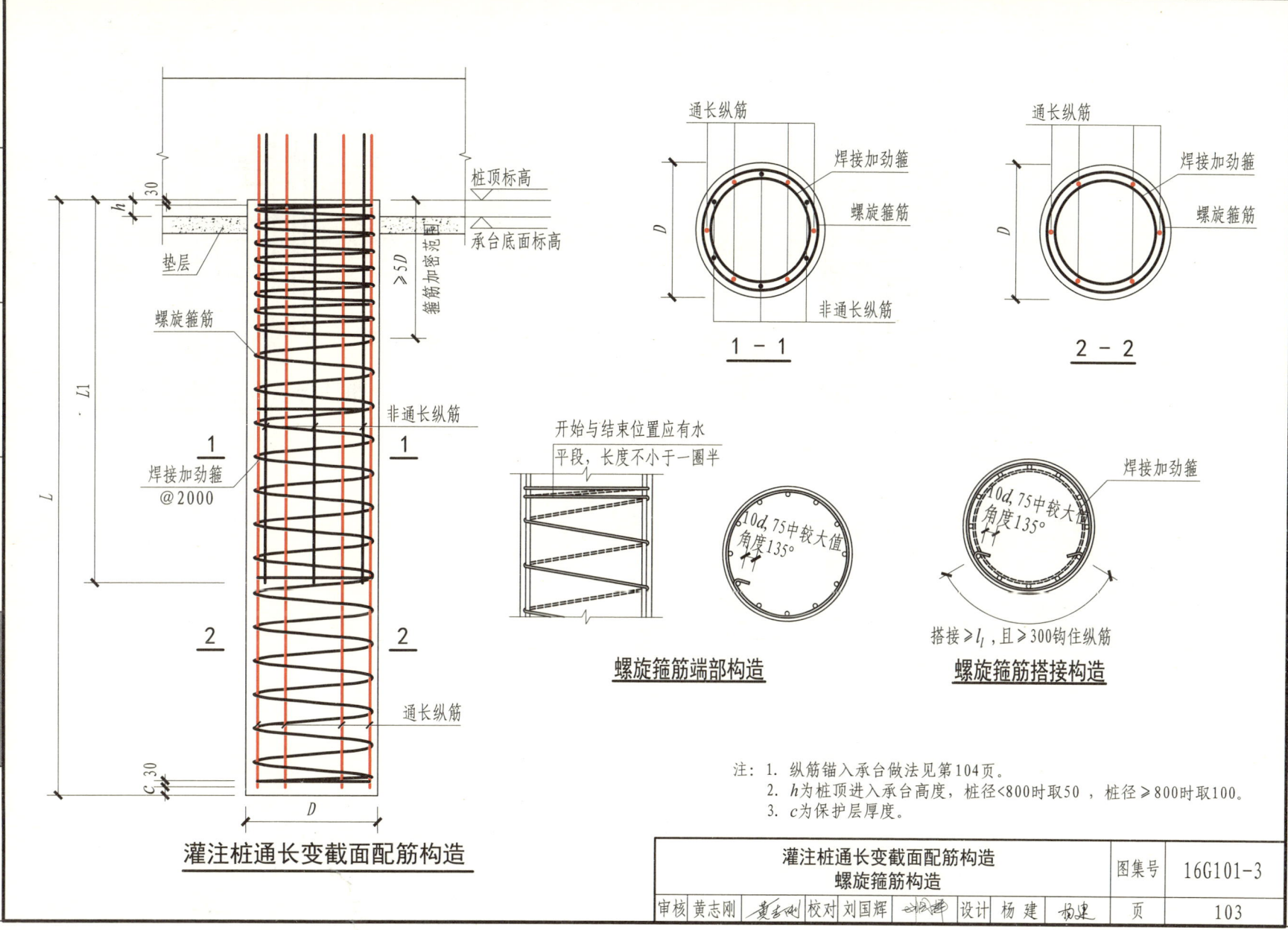

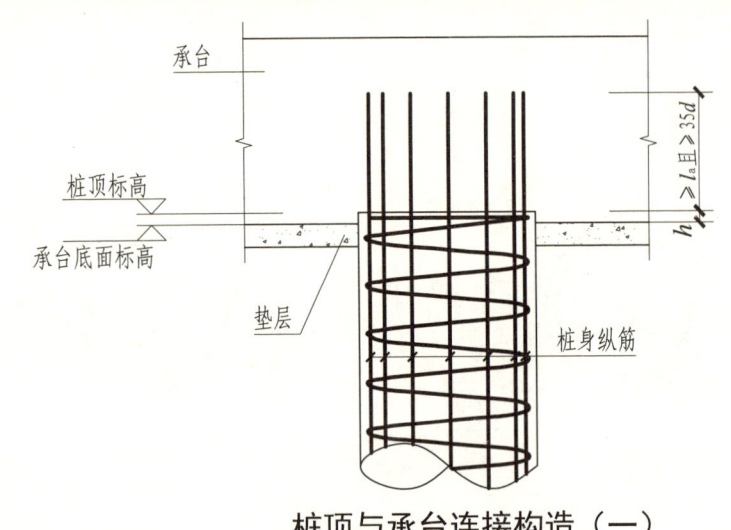

桩顶与承台连接构造（一）

桩顶与承台连接构造（三）

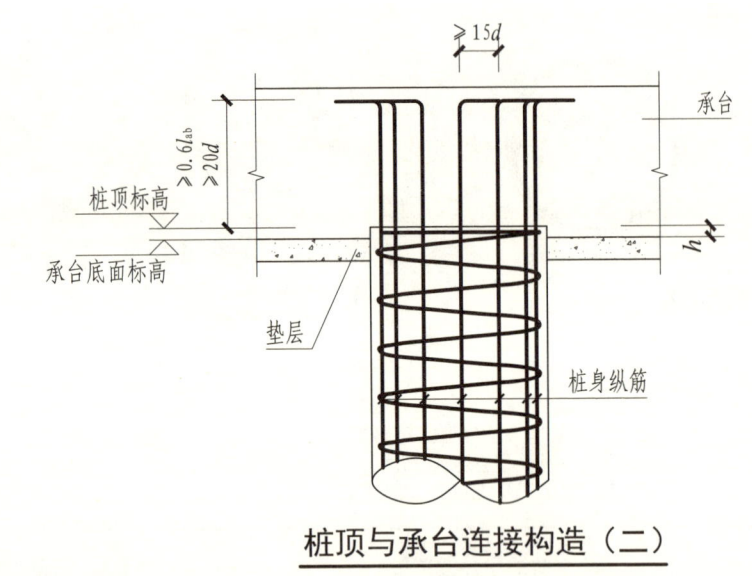

桩顶与承台连接构造（二）

注：1. $d$ 为桩内纵筋直径。
2. $h$ 为桩顶进入承台高度，桩径<800时取50，桩径≥800时取100。

## 钢筋混凝土灌注桩桩顶与承台连接构造

图集号 16G101-3

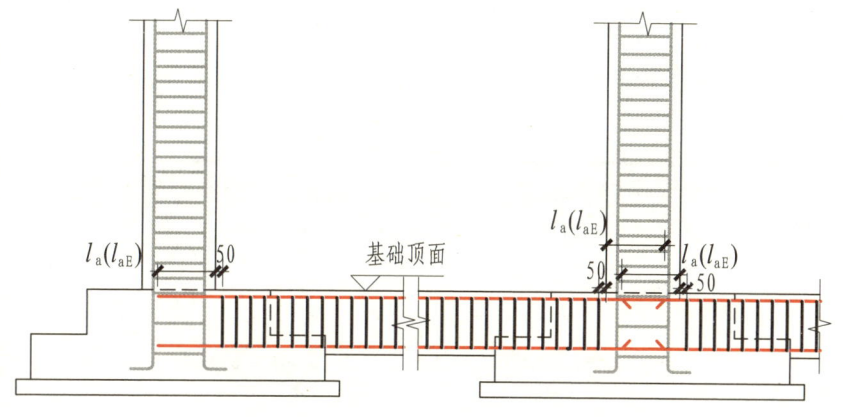

**基础联系梁JLL配筋构造（一）**

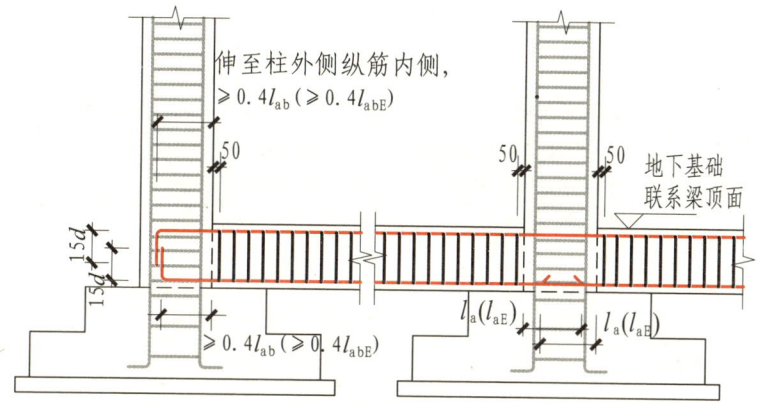

**基础联系梁JLL配筋构造（二）**

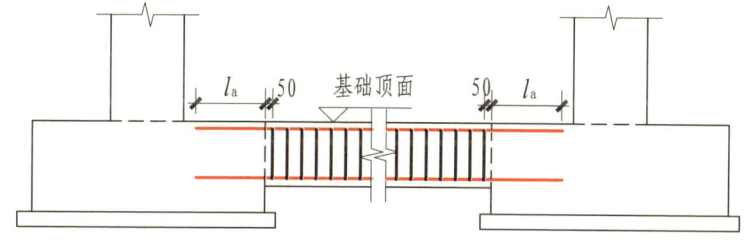

**搁置在基础上的非框架梁**

不作为基础联系梁；梁上部纵筋保护层厚度≤5d时，锚固长度范围内应设横向钢筋

注：
1. 基础联系梁的第一道箍筋距柱边缘50开始设置。
2. 基础联系梁JLL配筋构造（二）中基础联系梁上、下部纵筋采用直锚形式时，锚固长度不应小于$l_a$($l_{aE}$)，且伸过柱中心线长度不应小于5d，d为梁纵筋直径。
3. 锚固区横向钢筋应满足直径≥d/4（d为插筋最大直径），间距≤5d（d为插筋最小直径）且≤100的要求。
4. 基础联系梁用于独立基础、条形基础及桩基础。
5. 图中括号内数据用于抗震设计。

| 基础联系梁JLL配筋构造 搁置在基础上的非框架梁 | 图集号 | 16G101-3 |
|---|---|---|
| | 页 | 105 |

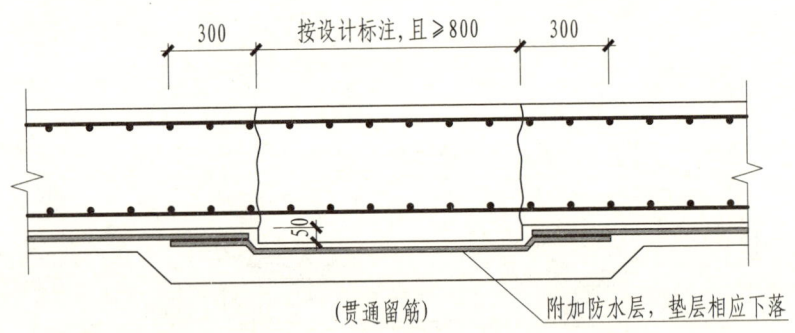

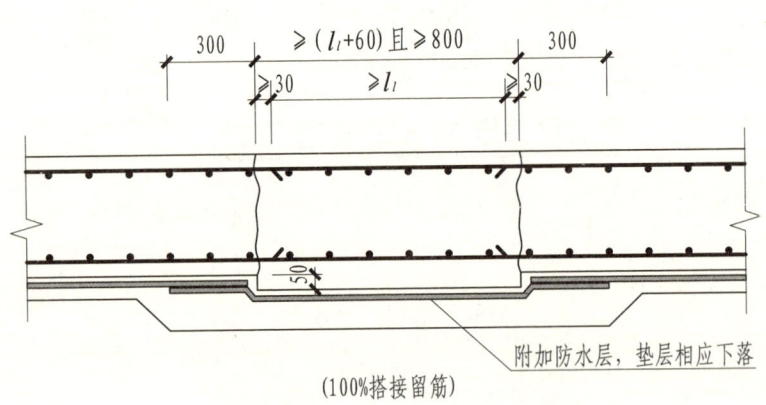

**基础底板后浇带HJD构造**

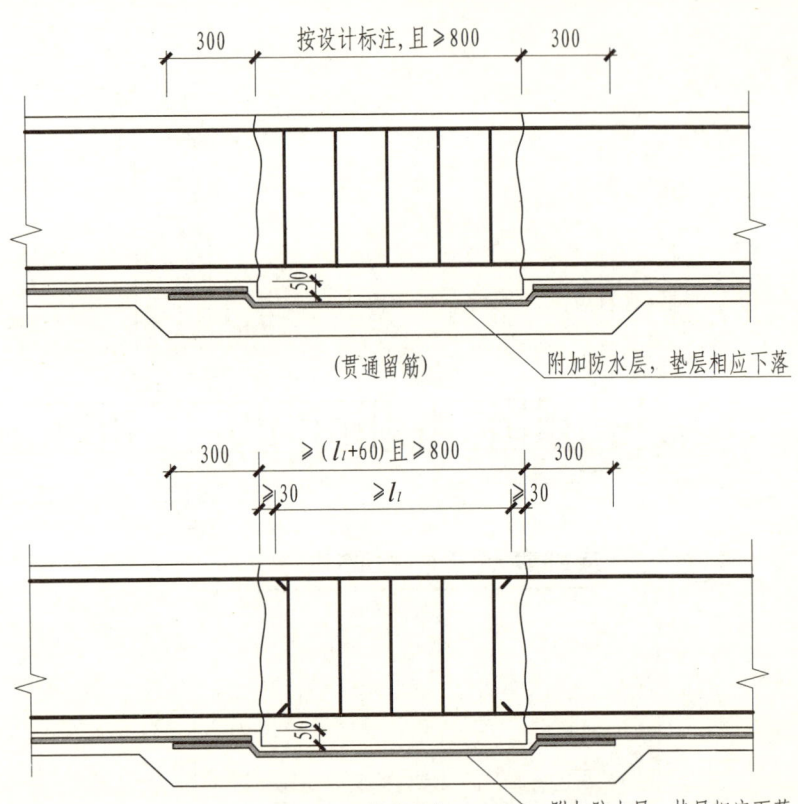

**基础梁后浇带HJD构造**

注：1. 后浇带混凝土的浇筑时间及其他要求按具体工程的设计要求。
2. 后浇带两侧可采用钢筋支架单层钢丝网或单层钢板网隔断。当后浇混凝土时，应将其表面浮浆剔除。
3. 后浇带下设抗水压垫层构造、后浇带超前止水构造见本图集第107页。

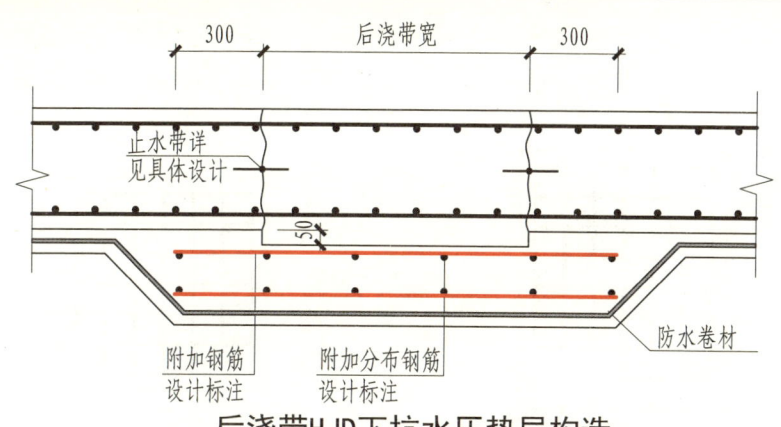

后浇带HJD下抗水压垫层构造

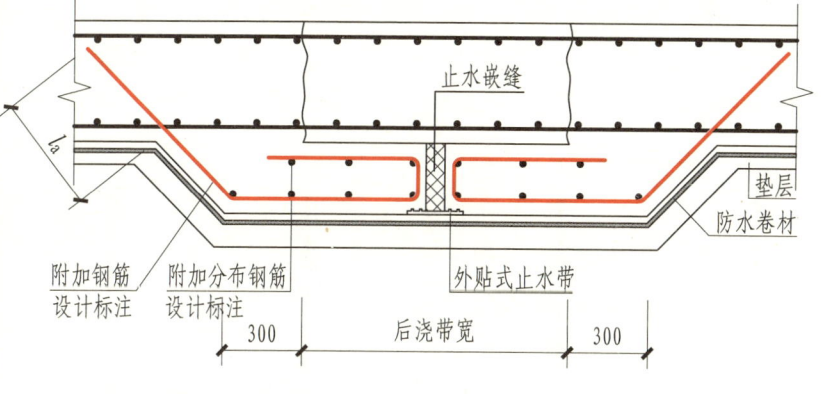

后浇带HJD超前止水构造

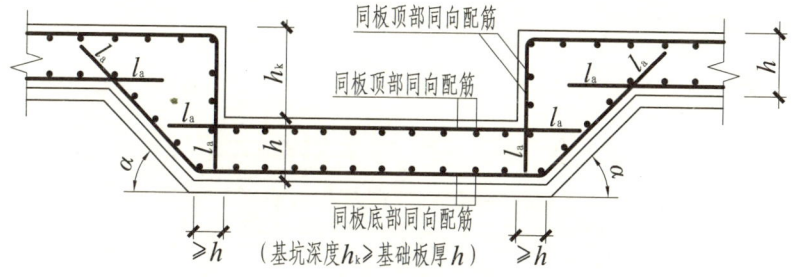

(基坑深度$h_k \geq$基础板厚$h$)

(基坑深度$h_k <$基础板厚$h$)

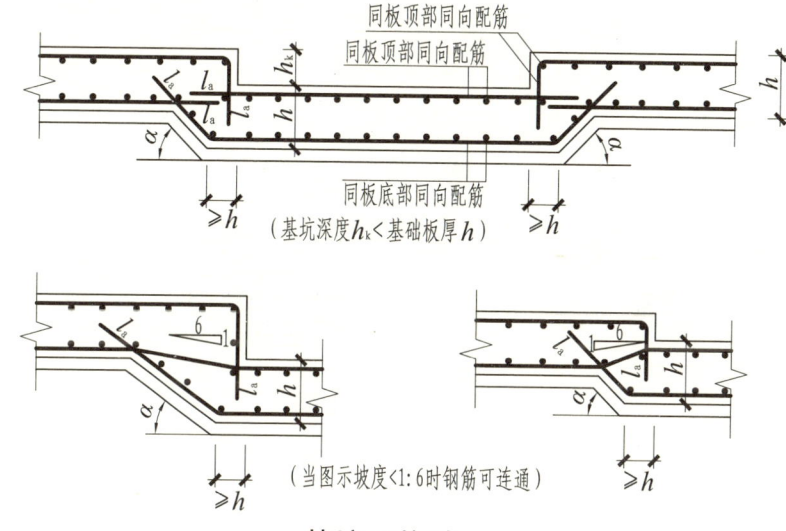

(当图示坡度<1:6时钢筋可连通)

基坑JK构造

注：1. 后浇带留筋方式及宽度要求见本图集第106页。
2. 基坑同一层面两向正交钢筋的上下位置与基础底板对应相同。基础底板同一层面的交叉纵筋何向在下，何向在上，应按具体设计说明。
3. 根据施工是否方便，基坑侧壁的水平钢筋可位于内侧，也可位于外侧。
4. 基坑中当钢筋直锚至对边<$l_a$时，可以伸至对边钢筋内侧顺势弯折，总锚固长度应$\geq l_a$。

| 后浇带HJD下抗水压垫层构造 后浇带HJD超前止水构造 基坑JK构造 | 图集号 | 16G101-3 |
|---|---|---|
| | 页 | 107 |

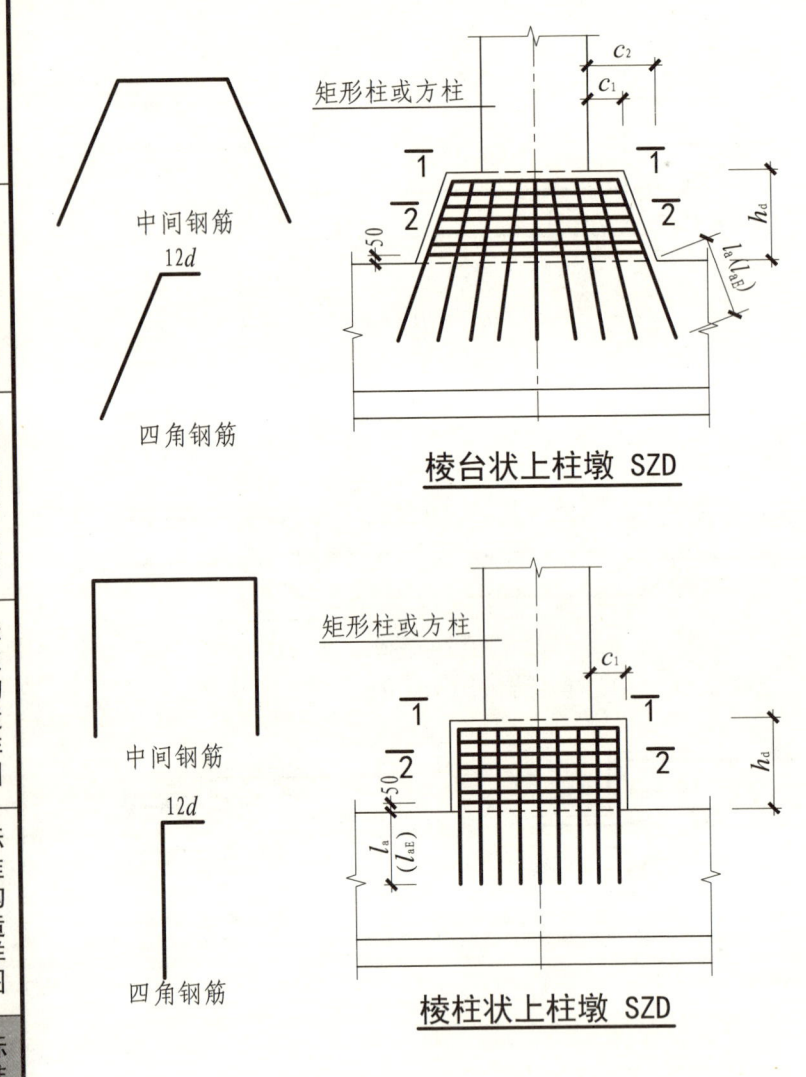
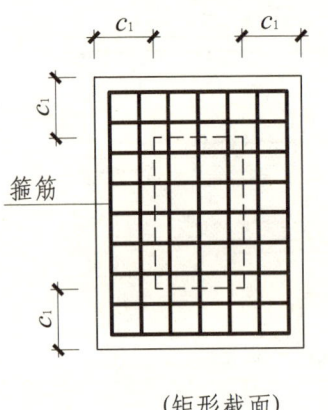
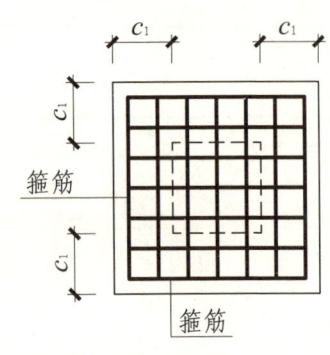

1-1

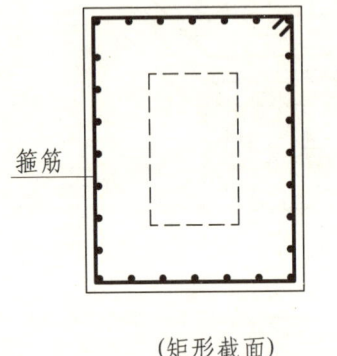
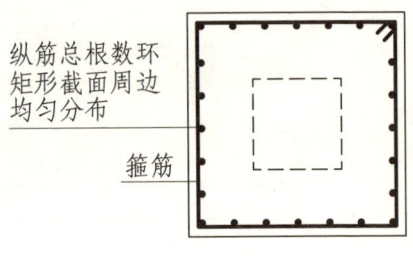

2-2

注：图中括号内数值用于抗震设计。

## 上柱墩SZD构造（棱台与棱柱形）

图集号 16G101-3
页 108

1-1

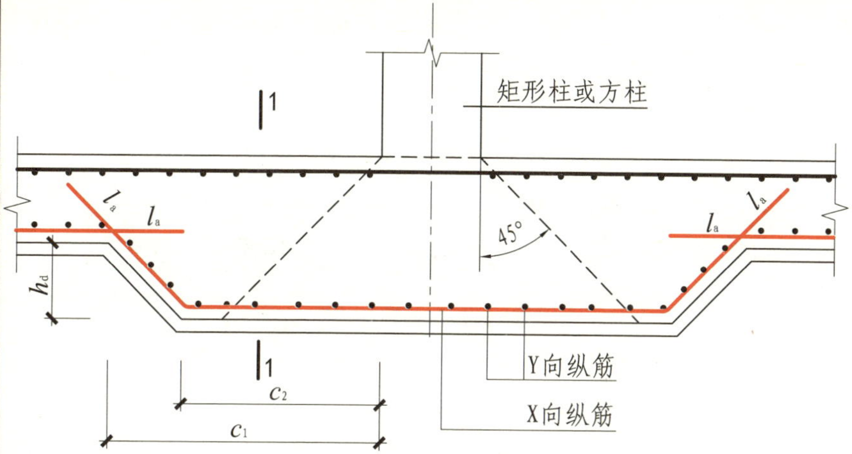

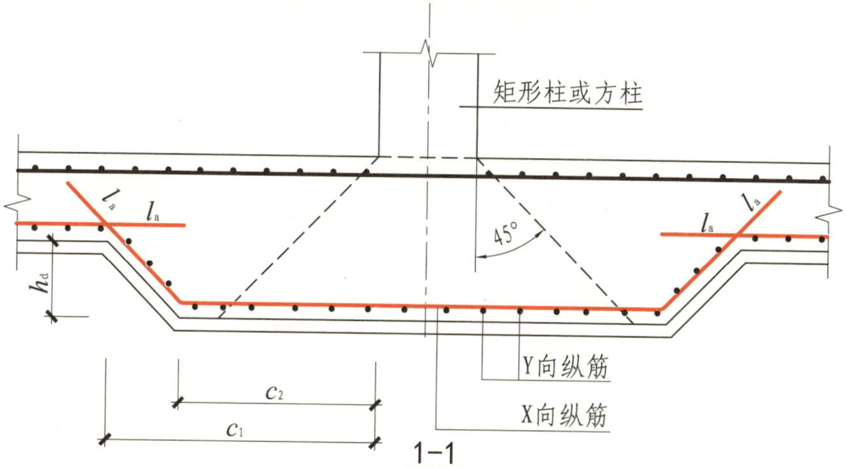

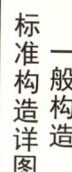

## 基础平板下柱墩XZD

（柱墩为倒棱台形）

2-2

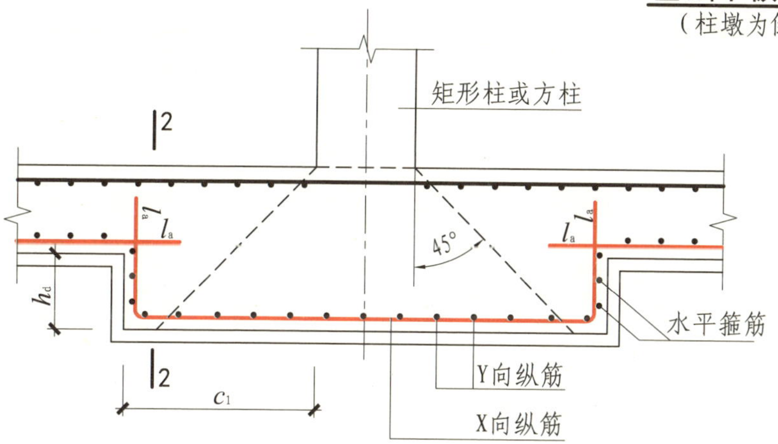

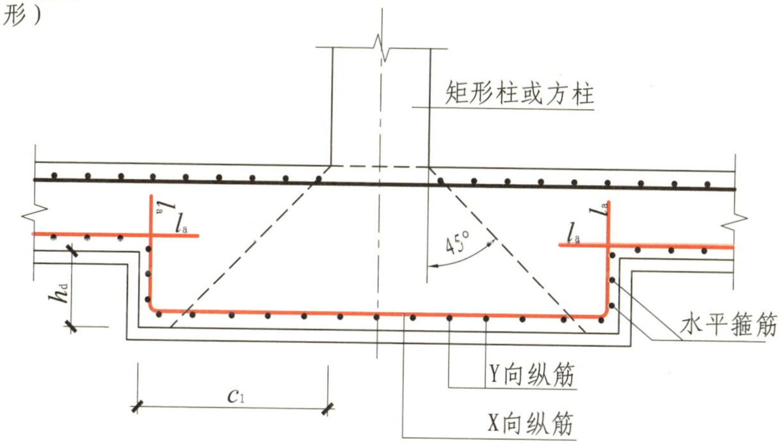

## 基础平板下柱墩XZD

（柱墩为倒棱柱形）

注：当纵筋直锚长度不足时，可伸至基础平板顶之后水平弯折。

| 下柱墩XZD构造（倒棱台与倒棱柱形） | | | | | | | 图集号 | 16G101-3 |
|---|---|---|---|---|---|---|---|---|
| 审核 | 尤天直 | 尤天直 | 校对 | 毕磊 | 毕磊 | 设计 何喜明 何喜明 | 页 | 109 |

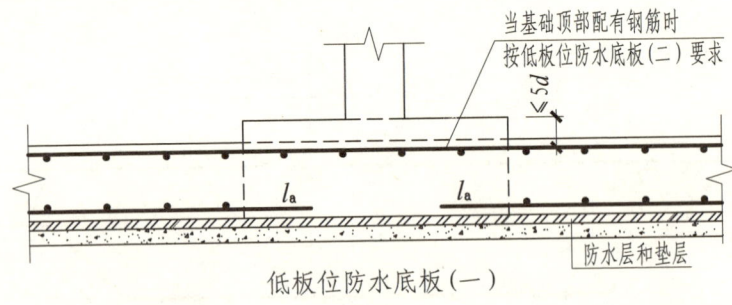
低板位防水底板(一)

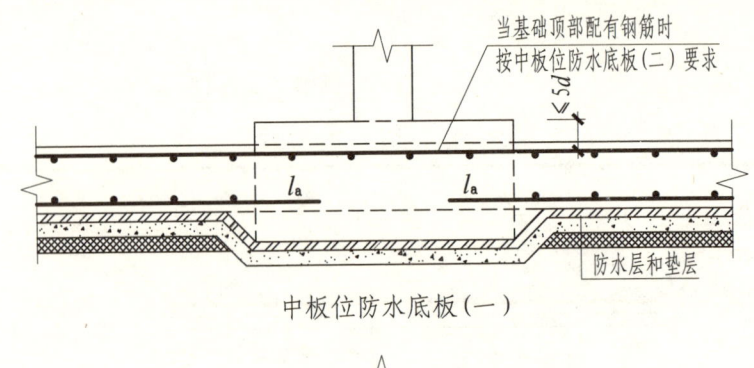
中板位防水底板(一)

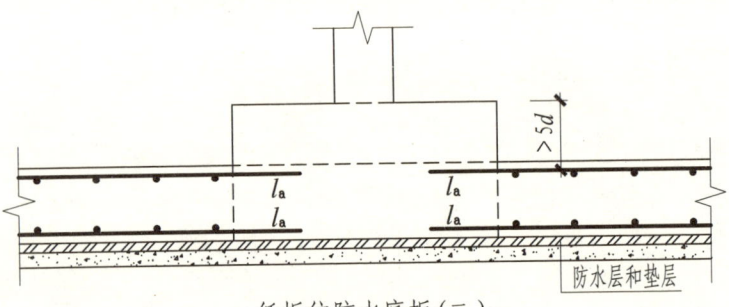
低板位防水底板(二)

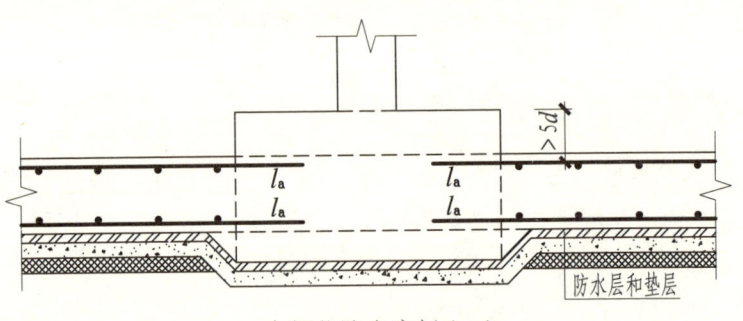
中板位防水底板(二)

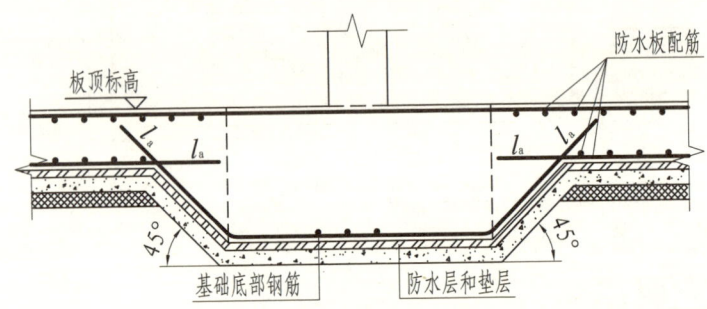
高板位防水底板

注：
1. 图中 $d$ 为防水底板受力钢筋的最大直径。
2. 本图所示意的基础，包括独立基础、条形基础、桩基承台、桩基承台梁以及基础联系梁等。
3. 当基础梁、承台梁、基础联系梁或其他类型的基础宽度≤$l_a$时，可将受力钢筋穿越基础后在其连接区域连接。
4. 防水底板以下的填充材料应按具体工程的设计要求进行施工。

地下室防水底板JB与各类基础的连接构造

防水底板JB与各类基础的连接构造

图集号 16G101-3

页 110

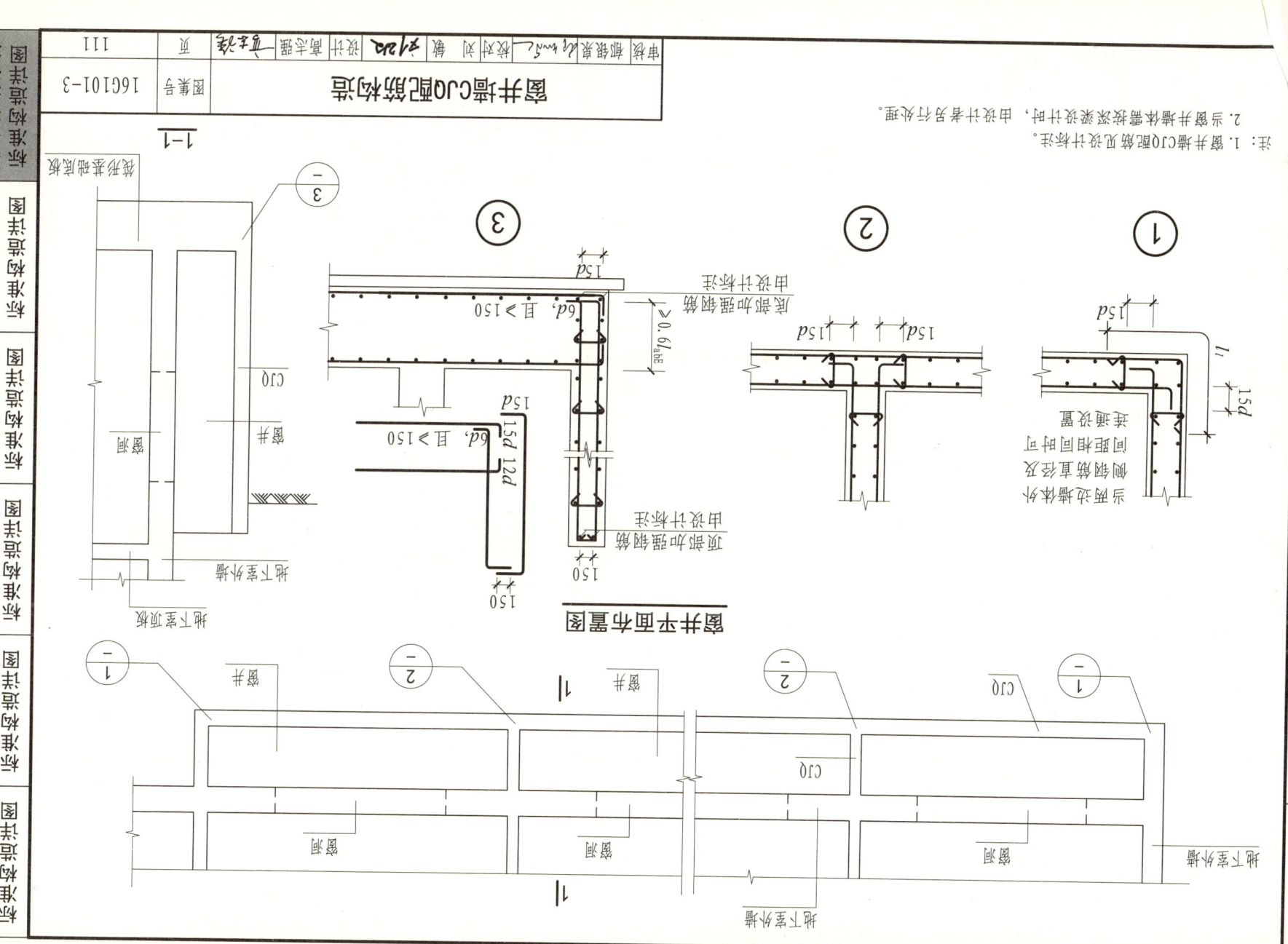

# 国标电子书库

——专业的工程建设技术资源数据库,助力企业信息化与节约建设

## 中国建筑标准设计研究院有限公司出品

- 全新版权唯一 —— 经授权国家建筑标准设计图集的唯一信息化制作商
- 权威行业专家团队服务保障
- 正版唯一 · 经授权国家建筑标准设计图集的唯一信息化制作商

- 内容丰富,更新及时
- 准确可靠,专业权威
- 搜索便捷,省心省事
- 浏览灵活,轻重兼顾

基于中国建筑标准设计研究院60年主营业务积累及研究成果,整合行业优势资源,国标电子书库以电子书的形式,收录了已经出版的国家建筑标准设计图集、全国民用建筑工程设计技术措施以及标准规范、技术专著、施工工艺、常用数据等工程建设所必需的技术文献资料,专注一站式为用户提供权威的知识服务内容。打造以电子书资源服务为主,技术咨询及设计院工程培训一体化的专业工程建设技术资源数据库。

### 声 明

中国建筑标准设计研究院有限公司是国家建筑标准设计图集(标准设计)作为行业内唯一一家依据住房和城乡建设部的授权国家建筑标准设计图集的出版单位,拥有国家建筑标准设计图集的独家版权,任何单位和个人未经许可不得以印刷、复制或其他任何形式将国家建筑标准设计图集一正版化电子化销售。

国标电子书是目前唯一经授权的国家建筑标准设计图集的信息化产品,以此印刷、复制或其他方式销售国家建筑标准设计图集(纸质)电子文件均为侵权行为,我院将以国家相关的法律法规为依据,依法维护我院的合法权益,对有侵权行为的单位和个人进行追究!

国家建筑标准设计网 www.chinabuilding.com.cn
服务热线:010-8842 6872